부모와 아이가 관계하는

사춘기 수업

이 책이
생명을 살리는 글,
사람을 살리는 책이 되길
소망합니다.

일러두기
본문에서는 모두 상담자의 동의를 구한 인터뷰 내용을 수록하였고,
상담자를 보호하기 위하여 가명을 사용하였습니다.

부모와 아이가 함께하는

사춘기 수업

방황하는 내 아이 속마음 읽기

정철모·채혜경 지음

천종호 대구지방법원 부장판사, 호통판사

'진짜 부모'로서의 사랑과 책임을 수행해 내는
두 어른의 진솔한 삶의 이야기

'가슴으로 낳은 아이', 참으로 많은 것을 생각하
게 하는 말이다. 태어나면서부터 보육원에서 성장했고, 만사소년축
구단 골키퍼로서 멋진 모습을 보여 주던 한 아이로부터 "다른 무엇
보다도 저를 낳아 준 엄마가 누구인지 알고 싶습니다." 라는 말을 들
었을 때 받았던 충격은 시간이 꽤 흘렀음에도 여전히 깊은 상처의 흔
적처럼 남아 있다. 그 와중에 이 책을 접하게 되었고, 책을 읽는 내내
8년간 소년보호재판을 담당할 때의 기억들이 계속 오버랩되었다.

지칠 줄 모르고 비행을 저지르면서도 비행세계로부터 벗어나
고자 하는 마음조차 보이지 않는 아이를 두고 입양 사실을 알려
충격요법이라도 사용해야 되지 않겠느냐며 고뇌하던 부모, 아이
에게 숨겨왔던 진실을 밝히며 더 이상 부모로서의 책임을 질 생
각이 없다고 선언한 부모, 가정법원에 파양신청을 해버린 부모
등 다양하게 반응했던 부모들의 모습이 새삼 떠올랐다. 가슴으로
낳은 사춘기 아이들과 그 부모들 간의 갈등과 파국적 결론은 사
건을 처리한 판사로서 결코 아름다운 추억이 아니다.

하지만 이 책에는 '진짜 부모'로서의 사랑과 책임을 수행해 내
는 두 어른의 진솔한 삶의 이야기가 담겨 있다. 아울러 이 책에는

가슴으로 세상에 나온 아이의 아름다운 성장기가 담겨 있다. 학교와 사회에서 실력 있는 교사로서 인정받았음에도 불구하고 심하게 사춘기를 겪고 있는 아이를 두고 경찰관이나 아이의 담임선생님에게 굽신거리며 아이의 선처를 구하거나, 여관을 전전하며 가출한 딸을 찾아다니는 부모의 모습을 머릿속에서 그려보라. 잠시 흔들렸다고 할 수 있지만 자립을 위해 구슬땀을 흘리고 있는 성년이 된 아이의 모습을 그려보라. 그러면 입가에서부터 번져나가기 시작한 미소가 삭막한 마음까지 위로할 것이다.

도성훈 인천광역시 교육감

자녀와 함께하는 모든 시간은
부모가 성장하는 시간이다

오랜 교육 동지로서, 자신의 이야기를 진술하게 고백하는 정철모 선생님의 용기에 박수를 보낸다.

이 책은 "별이가 마포대교에 갔습니다."로 시작한다. 무겁고 아픈 문장이다. 이 문장을 시작으로 선생님은 부모로서의 자신을 담담히 고백하고 있다.

과연 자녀를 키운다는 말이 옳을까? 이 세상의 모든 부모는 그 답을 이미 알고 있을 것이다. 자녀와 함께 하는 모든 시간은 부모가 자녀를 양육하고 교육하는 것뿐만 아니라, 부모에게도 성장의 시간이다.

정철모 선생님은 자녀에게는 부모이자, 학생과 교직원에게는 교장 선생님이었고, 강화교육지원청의 과장이기도 하다. 자녀와의 시간 속에서 배운 모든 것들이 선생님을 훌륭한 교육자로 성장하게 했을 것이며, 선생님과 함께한 많은 교육자들도 성장의 시간을 가졌을 것이다. 이 책은 학부모뿐 아니라 사춘기 학생들을 가르치는 모든 선생님들에게도 매우 유익한 책이다.

최성완 두란노아버지학교 이사장

밤이 깊을수록 더욱 빛나는,
아버지의 성장 기록

"도대체 너는 어느 별에서 왔니?" 따져 묻고 싶을 정도로 사춘기 자녀들의 말과 행동은 부모를 당황스럽게 만들곤 합니다. 그야말로 전혀 다른, 너무나 낯선 언어로 자녀와 소통해야 하는 어려움을 어떻게 말로 다 표현할 수 있을까요? 두란노아버지학교를 찾아오신 많은 아버지가 '눈에 넣어도 안 아플 것 같던 그 아이, 반짝반짝 빛나던 그 사랑스러운 모습'을 어느 순간 잃어버린 듯 몹시 괴로워하십니다. 하지만 이는 독립운동을 시작한 사춘기 자녀를 통한 아버지 사랑의 성숙을 향한 결정적 계기, 어쩌면 새로운 도전과 용기의 전환점으로 중요한 시기입니다.

그런 점에서 정철모 형제님의 『부모와 아이가 함께하는 사춘기 수업』은 "밤이 깊을수록 더욱 빛나는 아버지의 성장 기록"일 것입니다. 내 인생에 찾아온 자녀를 '한 인격체'로 바라보며 "기다리고 또 기다리고 끝까지 기다리는 사랑의 기록"이라 하겠습니다. 무엇보다 "모든 아이는 우리 모두의 아이입니다.(Every child is our child)"라며 가슴으로 낳은 딸, 별이를 통해 더 깊은 하나님의 사랑과 용서, 화해를 경험한 아버지의 고백으로 다정하게 울려 옵니다.

정병오 좋은교사운동 이사장, 기윤실대표,
오디세이학교 교사

자녀의 방황을 온몸으로 받아내며
바닥까지 내려가 본 부모의 진솔한 고백

쉽게 크는 아이는 아무도 없지만 그중에서 더 많은 진통을 겪으며 자라는 아이들이 있다. 특별히 사춘기의 긴 터널을 통과하면서 한 치 앞을 내다볼 수 없는 질풍노도의 과정을 거칠 때는 본인도 힘들지만 이 과정을 함께 하는 부모의 가슴은 새까맣게 타 들어가게 된다.

정철모 선생님과 30년 지기 동료로서 그의 헌신된 교육적 열정과 세상의 가장 약한 자에 대한 사랑의 실천을 가까이에서 보며 존경하고 있었다. 그런데 입양 자녀인 별이의 극심한 사춘기와 방황으로 인해 마음은 물론이고 몸까지 상할 정도로 어려움을 겪는다는 소식을 들으며 함께 탄식할 수밖에 없었다.

이렇게 긴 어둠의 긴 터널을 벗어난 지금, 다시는 돌아보거나 생각도 하고 싶지 않은 시간이겠지만 그 시간과 경험을 정리하여 자녀의 극심한 사춘기와 방황으로 인해 고통스러운 시간을 보내고 있는 부모들을 위한 책을 펴냈다. 사춘기 자녀교육에 대한 지침서나 이론서는 많지만 실제로 자녀의 방황을 온몸으로 받아내며 그 시간을 함께 하면서 바닥까지 내려가본 사람이 아니면 줄 수 없는 내용들이 가득하다. 그러기에 이 책만이 주는 위로가 있고 힘이 있다.

사춘기 자녀를 키우면서 남에게 다 이야기할 수 없는 고통을 겪고 있는 부모는 물론이고, 중고등학교에서 사춘기 학생들과 날마다 부대끼며 학생들을 어떻게 대해야 할지 고민하는 교사들에게도 적극 추천한다.

홍경민 한국입양홍보회 회장

세상의 모든 아이는 가정에서 자라야 한다는
명제를 생각합니다

정철모, 채혜경 선생님은 셋째와 넷째 자녀를 입양한 입양부모로서 자녀를 양육하면서 겪게 된 일상생활을 한국입양홍보회 홈페이지의 "일기마을"에 오랫동안 꾸밈없이 양육일지를 기록하고 공유하여 후배 입양부모들에게 도움을 주셨을 뿐만 아니라 많은 부모들에게 귀감이 되셨습니다.

정철모, 채혜경 선생님은 좌충우돌 예측할 수 없는 사춘기의 힘든 시간을 별이와 함께 보내며, 힘들었지만 헌신적인 사랑과 인내로 소중한 자녀와 바르게 소통하는 방법과 경험, 그리고 아름답고 행복한 가정을 만들어 가는 추억의 기록을 진솔하게 나누어 주셨습니다.

『부모와 아이가 함께하는 사춘기 수업』은 세상의 모든 아이는 가정에서 자라야 한다는 명제를 다시 한번 더 생각해 보게 합니다.

이 책은 별이를 사랑하는 아빠와 엄마의 마음이 가득 넘쳐납니다. 사춘기 별이와의 생생한 삶의 일상이 담겨 있는 이 책이 사춘기 아이를 사랑하는 모든 부모님께 도움이 되기를 기대합니다.

"여보세요. 별이 어머니 되시죠? 별이가 전에 가출을 했을 때 얼마나 오래 있었나요? 연락은 했어요? 찾아갔었어요? 가출을 했는데 용돈은 줘야 해요?"

밤 10시가 다 되어가는 시간. 인사 한마디 없이 거침없이 치고 들어오는 질문에 아내는 다소 당황한 듯했고, 나도 예의가 없는 태도라는 생각이 들었습니다. 2년 전에 한 번 만났고 몇 달에 한 번 전화를 하는 사이인데, 한밤중에 느닷없이 전화를 걸어와 딸의 과거에 대해 캐묻다니요.

아내는 지영이 엄마와 40분 넘게 이야기를 나누고는 전화를 끊었습니다. 아마도 지영이 엄마는 예의를 차릴 경황도 없었을 겁니다. 그만큼 다급한 마음이었겠지요.

중학교 2학년인 지영이가 집을 나간 지도 벌써 한 달이 넘어가고 있는 상황이었습니다. 사방이 막힌 캄캄한 동굴에 갇혀 있는 기분이었을 겁니다. 그래서 누군가 "이럴 땐 이렇게 대처하면 됩니다." 하고 대응지침을 내려 주면 좋겠다는 간절함이 실례를 무릅쓰고 전화번호를 누를 수밖에 없었으리라 생각합니다. 바로 우리가 그랬던 것처럼.

별이. "얼굴도 보지 않고 데려간다"는 셋째 딸 별이는 별처럼 우리에게 왔습니다. 마음 따뜻하고 웃음이 많은 별이는 사춘기에 접어들기 전까지만 해도 보통 아이들처럼 친구들과 잘 어울리며 학교생활을 하던 아이였습니다. 그런 별이에게 사춘기가 찾아왔습니다. 초등학교 6학년 무렵이었습니다.

별이에게 찾아온 사춘기는 나와 아내가 전혀 경험해 보지 못했던 거친 파도였습니다. 별이보다 먼저 두 딸을 키워왔던 우리 부부였으므로 어느 정도 노하우와 맷집이 있으리라 생각했건만 별이는 조금도 예상치 못 했던 파도로 우리 부부를 덮쳤습니다. 심지어 30여 년 넘게 중학교에서 교직생활을 하는 동안 만났던, 학교생활을 어려워했던 수많은 아이들에 비해서도 최고의 수준이었습니다.

나와 아내는 학창시절을 소위 모범생으로 자랐습니다. 반장을 하기도 했고 공부도 열심히 했습니다. '성실성을 보여 주는 상징'이라고 생각해 개근상을 타고자 무던히 노력하였고, 당연히 무단결석은 상상도 할 수 없는 삶을 살았습니다. 술 담배는 나와 관계가 없는 일로 여겼으며 친구들과 큰 싸움조차 한 기억이 없는, 소위 '엄친아'로 손색이 없는 삶이었습니다. 아침잠이 많은 첫째 아이가 매일 조회시간이 되어서야 등교를 하고는 했던 것 말고는 첫째도 둘째도 일반적인 학생의 범주에서 크게 벗어나지 않는 아이여서 큰 어려움을 겪어보지 않았던 우리 부부에게, 별이는 정말 감당하기가 쉽지 않은 아이였습니다.

별이가 처음 가출을 한 건 초등학교를 졸업하기도 전이었습니다. 하루 동안 집을 나가 온 가족이 애를 태웠던 것입니다. 중학교 2학년 때는 두 달이나 집을 나가서 들어오지 않았습니다.

술 담배는 기본이고 초등학생 때부터 귀걸이에 피어싱을 주렁주렁 달고 다녔고, 팔과 다리에는 온갖 문신까지 했고, 한밤중에 자동차를 몰고 나가서 우리의 간담을 서늘하게 하기도 했고, 중학교 1학년 때는 고등학교를 자퇴하거나 졸업한 아이들과 어울리며 학교를 빠지는 날이 많았고, 휴대전화를 꺼둔 채 집에 들어오지 않는 날이면 아내와 함께 밤새 찾아다니기도 하였고, 중학교 3학년 때는 아침에 제대로 등교를 해 학교생활을 한 날이 수학여행 3일과 졸업식 하루뿐이었다고 할 만큼 결석, 지각, 조퇴를 밥 먹듯 하였고, 여름방학이 끝나가면서 개학을 사흘 앞둔 날에는 친구들과 더 놀아야 하니 개학날부터 일주일간 가정체험학습을 신청해 달라고 요구하기도 했던 아이였습니다. 유급을 코앞에 둘 만큼 결석이 잦았던 별이는 결석할 수 있는 날 수를 모두 채우고 나머지는 지각과 조퇴로 채웠으니 놀랄 만합니다.

별이의 사춘기는 끝없는 방황의 날이었습니다. 나와 아내 또한 눈물과 한숨과 막막함으로 잠을 이루지 못 하며 밤을 지새우곤 했던 날들이었습니다. 조금만 더 크게 눈을 뜨고 살펴보면 엄마와 아빠가 한숨을 내쉬고 막막한 가슴을 부여잡으며 눈물 흘리던 그 수많은 날들을, 별이는 더 많은 눈물을 흘리고 한숨을 쉬며 홀로 사막에 서 있는 것처럼 두려웠겠지만 그때의 우리는 미처 그것을 살펴볼 여력이 부족했습니다.

별이는 도시에 홀로 나가 자취를 하며 고등학교 3년을 보냈습니다. 별이가 부모 곁을 떠나 혼자 독립해서 살기를 원했기 때문이었으나 여고생을 도시에 홀로 두고 자취를 시키는 것은 부모로서 큰 용기와 결단을 필요로 하는 일이었습니다.

하지만 별이는 믿음을 저버리지 않았습니다. 수많은 어려움을 겪기는 했지만 학교생활을 이어갔고 졸업을 했습니다. 그리고 미용사 자격증을 취득하고 미용실에 취직해 자신의 삶을 꾸려가기 시작한 것입니다.

우리 주변에는 내 딸과 같은 수많은 '별이'들이 있습니다. 길을 잃고 막막한 사막을 헤매는 것처럼 방황하는 '별이', 밥 먹듯 자해를 하는 '별이'가 있습니다. 잘난 친구들에게 무시당해, 혹은 잘난 친구들에게 질투가 나서 자기들끼리 뭉쳐 술과 담배와 문신을 하고 혹은 주먹을 휘두르기도 하는 '별이'가 있습니다. 밤늦게까지 학원을 돌면서 공부를 해도 성적이 오르지 않아 좌절하는 '별이'가 있습니다. 부모로부터 받은 상처를 끌어안은 채로 누구에게도 말 못 하고 살아가는 '별이'들이 있습니다.

그 '별이'를 품에 안고 살아가는 수많은 '별이 부모'들이 있습니다. 사방이 꽉 막힌 캄캄한 동굴에 갇힌 것 같은 절망감, 끝없이 이어질 것만 같은 그 어둠의 터널 속에서 힘겹게 한걸음 한걸음 겨우겨우 걸음을 옮기는 '별이 부모'들이 있습니다. 잔소리를 해야 할지 말아야 할지, 어젯밤에 무엇을 하면서 외박을 했는지 캐물어야 할지 말아야 할지, 무슨 돈으로 담배를 사고 문신을 했는지 따져 물어야 할지 말아야 할지 고민하는 '별이 부모'들이 있습니다.

　이 책을 이 땅의 수많은 '별이와 별이 부모'님들에게 드리고 싶습니다. 이 책이 '별이'들에게는 방황하고 있는 그 길에도 끝이 있다는 것을 알려 주고, 자신이 방황하는 동안 눈물과 한숨으로 지새웠을 부모님을 이해하는 다리가 되었으면 좋겠습니다. '별이' 부모님들에게는 '별이' 또한 방황하는 동안 얼마나 많은 고통과 눈물의 시간을 보냈는지 알려 주고 싶습니다.
　우리 가정이 거쳐 왔던 그 시간에 대해 이야기하면서 우리가 겪었던 시련의 시간을 보내고 이들에게 위로가 되었으면 싶습니다. 어둠 속에서 희망을 던져 주는 희미한 불빛이라도 될 수 있기를 소망합니다. 별이 부모님들의 답답한 마음이 이 책을 통해 조금이라도 해결되길 바라며 그 눈물이 닦여지길 소망합니다.

　결코 쉽지 않은 일임에도, 자신이 살아온 삶의 궤적을 적나라하게 드러내는 이 글을 세상에 내놓는 것을 쿨 하게 동의해 준 막내딸 별이에게 고맙고 사랑한다는 말을 전합니다.
　"별아, 네가 있어서 아빠 엄마가 좀 더 어른이 될 수 있었어."
　인터뷰를 통해 자신의 삶을 나누어 준 수많은 '별이'에게 진심으로 고마움을 전합니다.

　한뼘 앞도 보이지 않는 캄캄한 터널을 함께 손잡고 걸어 준 아내에게 늘 고맙고, 사랑합니다. 아내가 없었다면 나는 이렇게 버티지 못 했을 것입니다.

　"여기예요, 이쪽이에요." 하며 캄캄한 어둠 속에서 반짝반짝 불빛을 비추어 주곤 했던 큰딸, 둘째 딸과 자신의 이야기를 쓰는 데 동의해 준 막내아들에게도 고맙고, 사랑한다는 말을 전합니다.

강화 혈구산 기슭에서

정철모

PART 3 입양, 별을 가슴에 품다

PART 4 일기와 편지, 별을 노래하다

PART 5 양육, 별을 품고 하늘을 날다

PART 1

방황,
별이 하늘에서
반짝이다

소우주 -B.T.S.

반짝이는 별빛들 / 깜빡이는 불 켜진 건물

우린 빛나고 있네 / 각자의 방 각자의 별에서

어떤 빛은 야망 / 어떤 빛은 방황

사람들의 불빛들 / 모두 소중한 하나

어두운 밤 (외로워 마) / 별처럼 다 (우린 빛나)

사라지지 마! 큰 존재니까

Let us shine

어쩜 이 밤의 표정이 이토록 또 아름다운 건 oh

저 별들도 불빛도 아닌 우리 때문일 거야

You got me 난 너를 보며 꿈을 꿔

I got you 칠흑 같던 밤들 속

서로가 본 서로의 빛 같은 말을 하고 있었던 거야 우린

가장 깊은 밤에 더 빛나는 별빛

가장 깊은 밤에 더 빛나는 별빛

밤이 깊을수록 더 빛나는 별빛

… 〈후략〉

BTS의 노래 〈소우주〉의 가사다.

BTS는 이 땅의 모든 이들이 반짝이는 별빛이며, '우리는 소우주'라고 노래한다.

내가 이 노래에서 가장 마음에 드는 노랫말은 '어떤 빛은 방황'이라는 표현이다.

각자의 삶에서 꿈을 이루고 목표를 성취할 때만 빛나는 것이 아니라 인생길의 방황도 빛이라고 이야기한다.

방황은 어둡고 암울하고 앞날이 보이지 않는 칠흑 같은 밤이라고 생각하는 이들에게 BTS는 그 방황이 빛이라고 소개한다. 심지어 '가장 깊은 밤에 더 빛나는 별빛'이라고 '밤이 깊을수록 더 빛나는 별빛'이라고 노래한다.

인생도 그렇다.

인생에서 칠흑 같은 깊은 밤을 경험한 사람은 더 크게 빛날 수 있다.

그러니 어두운 밤 외로워 마라. 사라지지 마라.

당신은 큰 존재니까.

별이가 마포대교에 갔습니다

"아버님, 별이가 마포대교에 갔다는 얘기 들으셨어요?"

고등학교 1학년인 별이 담임선생님으로부터 걸려온 전화에 머리카락이 쭈뼛 서는 느낌이었다.

"네? 그게 무슨 말씀이세요?"

"별이가 지난주 어느 날 밤에 마포대교에 갔었답니다. 다리 위에서 두 시간이나 방황하다가 친구의 권유로 집에 돌아왔다고 하네요. 저도 별이 친구로부터 오늘 들었습니다."

가슴이 뚝 떨어지는 느낌이었다.

별이는 부천에 있는 고등학교에 진학해 혼자 자취를 하며 생활하고 있었다. 주말이 되면 강화에 있는 집으로 와서는 토요일 아르바이트를 하고 일요일에 예배를 드린 뒤 다시 부천으로 가서 한 주를 보냈다.

선생님으로부터 전화를 받고 일주일 내내 심란한 마음이었던 나는 주말이 되어 집에 온 별이에게 물었다.

"너 마포대교 갔었다면서?"

"응."

대답을 하는 별이의 음성은 다소 무덤덤했다.

"거기엔 왜 간 거니?"

"너무 힘들어서…."

2주 전이었다. 너무나 힘이 들어서 밤에 택시를 타고 마포대교로 갔다고 별이는 말했다.

밤 10시. 바람이 휘몰아치는 마포대교에서 바라보이는 강변을 따라 불빛이 휘황하게 빛나고 있었어요. 두 시간 넘게 그 불빛을 바라보면서 죽음을 떠올렸어요. 사는 게 너무나 힘들다는 생각이 들어서. 삶이 너무 무겁게 느껴져서. 그러다가 엄마 아빠와 언니들과 동생 생각에 펑펑 울었어요. 그리고 생애 마지막으로 친구 목소리가 듣고 싶어서, 하소연 삼아서 전화를 했어요.

친구는 함께 울면서 별이를 설득했다. 그리고 마음을 고쳐먹은 별이는 마포대교를 떠나 자취방으로 돌아왔다는 거였다.

상상도 하지 못 했던 기막힌 이야기를 들으며 아내도 나도 가슴이 아려와서 한참을 울었다.

돌이켜보니 별이에게는 그 전부터 징후가 있었다. 별이는 중학생이었을 때도 손목에 넓은 밴드를 감고 다녔는데, 그게 손목을 그었던 자해 흔적을 감추기 위한 것이었다는 걸 한참 후에야 알게 되었던 것이다.

'방황'은 아프고 힘들다는 표현이다. 그 표현이 밖으론 음주나 흡연이나 문신, 폭력이나 가출 등으로 나타나며, 내부로는 자해와 자살로 나타난다. 대표적인 자해 행동은 손목, 팔, 허벅지 등 신체 부위를 칼로 긋는 것이다. 통증을 통해 마음속에 깊이 자리 잡은 우울을 달래기도 하고, 감정을 조절하거나 살아 있음을 느끼고자 하는 발버둥이다.

별이는 손목에 남아 있는 자해 흔적에 대해 이야기하고 싶어 하지 않았다. 또한 중학생 시절의 별이는 방황이 극에 달해서 딸의 일상이나 고민, 어려움에 대해 진지하게 대화를 나누기도 어려웠던 때이기도 했다. 그러다가 자신이 원하는 고등학교에 진학해, 하고 싶은 대로 집을 떠나 독립을 했으니 이제 큰 어려움은 없으리라 생각했었다. 주말에 집에 와서도 아르바이트를 하면서 함께하는 시간이 적어 별이가 얼마나 아파하고 있는지, 얼마나 큰 고민을 품고 지내는지 쉽게 눈치 채지 못 했다.

잘 지내고 있으리라는 내 생각은 빗나갔다. 별이는 힘겨운 싸움을 하고 있었다. 부모를 떠나 독립을 했다는 홀가분함과 그에 따른 기쁨은 잠깐이었고, 별이를 잠식해 간 것은 세상에 혼자만 던져져 있다는 외로움이었던 것이다.

마포대교 위에서 죽음을 생각했던 별이는 신경정신과에 다니며 상담 치료를 받았다. 우울증이었다.

우울증은 '마음의 감기'라고도 한다. 나는 형을 통해 누구라도 쉽게 그 '마음의 감기'에 걸릴 수 있다는 걸 알고 있었다. 몇 해 전, 늘 밝고 매사에 적극적인 형이 우울증을 앓고 있다는 사실을 알고 큰 충격을 받았었기 때문이다. 형의 소식에 충격을 받은 나는 우울증 관련 책들을 사서 읽으며 치료법을 찾아보기도 하고 추석에는 형님, 누나 가족들과 함께 콘도에 모여 즐거운 시간을 보내기도 하였다. 형은 병원에 다니며 치료를 받는 한편으로 드럼을 배우는 등 우울증으로부터 벗어나기 위해 노력했고, 형수님의 적극적인 보살핌으로 지금은 완쾌되었다. 우리 딸 별이도 주기적으로 병원에 다니며 진료를 받았다.

고등학교 3학년이었음에도 별이는 주말뿐 아니라 주중에도 밤늦게까지 아르바이트를 하는 날이 많았다. 씀씀이가 커서 부모가 주는 용돈으로는 생활비가 모자랐기 때문이다. 그러다 보니 학교에는 거의 매일 지각을 했고 우리는 아침마다 담임선생님으로부터 등교지도를 해 달라는 문자를 받는 게 일상이었다. 그럴 때마다 아침에 전화를 해 별이를 깨워 등교시키는 일은 쉽지 않았을 뿐 아니라 담임선생님께도 미안한 일이었다.

"별아, 씀씀이를 좀 줄이고 주중에는 알바를 그만하면 안 되겠니? 그렇게 힘들게 지내는 걸 보는 게 안쓰러워서 그래. 자주 지각해서 선생님께도 미안하고."

그럴 때마다 별이는 대답했다.

"안 돼, 아빠. 집에 혼자 있으면 자꾸 우울해져. 그래서 밤늦게까지 알바를 하는 거야."

나는 할 말이 없었다.

별이도 나름대로 혼자 사는 방법을 찾기 위해 노력하고 있었다. 혼자 있는 시간을 줄이고, 늦게까지 아르바이트를 하고, 친구들과 수다를 떨면서 맛난 것 먹고. 이런 것이 모두 별이가 찾아낸 방법들이었다.

다행히 별이는 조금씩 성장해 나갔다. 우울증 증상도 거의 없어졌으며, 지금은 병원의 도움을 받지 않고 건강하게 살고 있다.

지난 1월 5일은 우리 학교 졸업식이었다. 교장인 나는 졸업식에서 졸업생들에게 마지막 당부를 하였다.

"여러분, 졸업을 축하합니다.
방탄소년단의 노래 '소우주'를 함께 들어보겠습니다.

반짝이는 별빛들 깜빡이는 불 켜진 건물
우린 빛나고 있네. 각자의 방 각자의 별에서
어떤 빛은 야망 어떤 빛은 방황
사람들의 불빛들 모두 소중한 하나
어두운 밤 (외로워 마) 별처럼 다 (우린 빛나)
사라지지마

큰 존재니까 Let us shine

어쩜 이 밤의 표정이 이토록 또 아름다운 건

저 별들도 불빛도 아닌 우리 때문일 거야

여러분은 반짝이는 별처럼 부모님 가정에 왔고 우리 학교에 입학하였습니다. 어떤 학생은 꿈을 꾸며 빛을 내고, 어떤 학생은 방황하면서 자신의 존재를 빛냈습니다. 모두의 삶에 박수를 보냅니다. 여러분을 볼 때마다 감사하고 행복했습니다.

월드컵에서 브라질에 세 번 우승컵을 안긴 축구황제 펠레가 얼마 전 세상을 떠났습니다.

그가 남긴 말 중에 이런 명언이 있습니다.

"성공은 몇 번이나 승리했느냐로 정해지지 않는다. 패배한 그 다음 주에 어떻게 경기하느냐에 달린 것이다."

인생을 살다 보면 원하는 결과를 얻기도 하지만 원하지 않는 실패를 경험하기도 합니다. 실패했을 때 다시 도전하십시오. 인생에서 넘어졌을 때 다시 일어나십시오. 혹시 일어날 힘이 부족하면 손을 내미세요. 여러분 주위에는 여러분의 손을 잡고 일으켜 줄 부모님, 친구들, 선생님, 이웃들이 늘 있습니다.

잊지 마십시오. 여러분 주위에는 여러분을 도와줄 준비가 된 많은 분들이 있습니다.

여러분 사랑합니다."

8년여 동안 교장 직무를 맡아 해 오는 동안 여덟 번 학생들을 졸업시키면서 아이들에게 해 주었던 마지막 당부는 늘 같은 내용이었다. '넘어졌을 때 손을 내밀어 달라는 것.'

내 딸 별이가 마포대교에서 전화를 했을 때 별이의 전화를 받고 함께 울어 주고 설득해 준 친구가 너무나 고맙다. 별이 전화를, 별이가 내민 손을 잡아 주었기 때문에 오늘 나는 별이를 볼 수 있다. 너무나도 감사하다. 또한 마포대교 난간에서 삶과 죽음의 경계에 섰을 때 친구에게 전화를 걸어 내 손을 잡아달라고 손을 내민 내 딸 별이가 그 무엇보다 고맙다. 그 용기에 무한한 박수를 보낸다.

별들의 소리

초롱초롱한 눈빛에 시종일관 웃음을 잃지 않는 늘봄. 봄이와 대화하기 전에는 이토록 커다란 아픔을 품고 있으리라고는 상상할 수 없는 얼굴이었다.

봄이와 첫 번째 인터뷰를 한 것은 설렘이고, 기쁨이고, 감동이었다. 배우를 좋아하는 열여덟 살 봄이는 고등학교를 자퇴하였다.

Q : 자살을 시도하거나 자해를 해본 적이 있나요?
A : 초등학생 때 왕따를 당했어요. 그게 너무 힘들어서 초등학

교 4학년 때 학교에서 뛰어내리려고 했었고, 초등학교 6학년 때도 자살을 시도해 외부기관에서 상담을 받았고, 중학교 2, 3학년 때는 약물로 자해했어요. 내성이 생기다 보니 나중에는 한꺼번에 60개, 80개를 먹어서 응급실에 실려가 토하고 입원했어요.

왕따로 인한 스트레스와 강박관념으로 거식증에 걸려 몸무게를 17㎏을 목표로 잡고 매일 조금이라도 빠지지 않으면 자해했어요. 지금도 흔적이 많이 남아서 짧은 셔츠를 입지 않고 있어요.

자해할 때는 온전히 거기에만 집중할 수 있고 자신이 살아 있음을 느낄 수 있어요. 자해가 끝나고 나면 '내가 또 자해했구나.' 하는 통제력을 상실한 느낌과 자신에 대한 허무함이 밀려와요. 그러다 시간이 지나면 또 살아 있음을 느끼기 위해 자해를 하게 되고 허무함을 느끼는 반복된 행동을 계속하게 돼요.

Q : 자해 시도가 정신적, 신체적으로 어떤 상처나 아픔을 남겼나요?

A : 손목의 상처 때문에 여름에도 반소매를 입을 수 없고 팔토시나 밴드를 하고 생활해야 하는 게 매우 힘들어요. 친구들이 여름인데 왜 긴소매 옷을 입느냐고 물을 때 "더위를 안 타서."라고 둘러대야 하는 것이 어려워요. 주위 사람들이 "왜 자해를 한 거니?"하고 걱정으로 물어볼 때도 저에게는 동정으로 들려서 마음이 힘들었어요.

자해로 인해 지금도 부모님과 사이가 좋지 않아요. 부모님은 어렸을 때 공부를 많이 강조하셨어요. 공부나 친구관계, 키나 외모 등 외형적인 것을 강요하셨어요. 내면의 성장을 할 수 있는 기회를 얻지 못 했어요. 지금도 부모님으로부터 받은 상처가 완전히 해결되지는 않았어요.

Q : 지금은 어떻게 이겨내고 있나요?

A : 지금도 매일 자해를 하고 있고, 자살 시도는 최근에는 하지 않았지만 계획을 세우거나 유서를 쓰는 행동은 지금도 해요. 지금도 제가 비정상적으로 뚱뚱하다고 생각하는데 자제력이 없어서 뚱뚱하다고 자꾸 생각이 돼요. 그런 제 모습이 마음에 들지 않고 지금도 저를 사랑하지 않아서 그런 것 같아요.

Q : 객관적으로 볼 때 전혀 뚱뚱하지 않은데 왜 그런 생각을 하나요?

A : 거식증이 먹고 그걸 게워내는 행위를 하는 게 대표 증상이잖아요. 거식증이 오랫동안 지속되다 보니 자기 몸을 비관하게 돼요. 그런 게 너무 오랫동안 습관적으로 반복되다 보니까 이제는 그냥 거울만 봐도 갈비뼈가 안 보이면 살을 뜯어내고 싶은 생각들이 막 들어요. '허벅지 살을 잘라내고 싶다.' '팔뚝 살을 잘라버리고 싶다.' 이런 생각들이 막 들어요.

Q : 가족이나 친구들이 어떻게 도와주면 좋을까요?

A : 저는 사람들이 내게 "너 자해했어?"라고 물어보는 걸 별로 안 좋아해요. 그게 위로가 되고 자신을 걱정해 주는 것 같고 관심 써 주는 것 같아 좋아하는 사람도 분명히 있겠죠. 저는 그런 질문을 좋아하지 않기 때문에 그런 질문보다는 제가 자해했다는 걸 알았을 때 약을 발라 줬으면 좋겠어요. 아무 말도 하지 않고 약을 발라 주면서 "힘들었겠구나! 수고했어!"라고 해 줬으면 좋겠어요.

저는 친구들이 저를 안아 줬으면 좋겠어요. 서로의 체온이 맞닿을 수 있도록 서로의 심장이 뛰는 걸 느낄 수 있도록 안아 주었으면 좋겠어요. 허깅은 심장과 심장이 만나서 서로가 살아 있음을 확인하고, 체온과 체온이 만나서 서로 따뜻함을 확인하고, 또 허깅을 통해서 좀 불편한 감정 이런 것 좀 내려놓고 하는 거잖아요.

Q : 자살이나 자해를 시도했던 나에게 어떤 말을 건네고 싶나요?

A : 정말 힘든 상황에서는 자신의 힘듦이 제일 크게 보이잖아요. 똑같은 아픔이어도 상대적으로 자기 아픔이 크게 보이고 전부인 것 같이 느껴지잖아요. 그런데 시간이 흐르면 지나가더라고요. 전남친이랑 헤어졌을 때 그냥 죽으려고 약을 진짜 많이 먹었는데, 지금 생각해 보면 전남친 이름도 기억이 안 나요.

물론 자해를 한 저의 선택을 비난하고 싶진 않아요. 그 상황에서는 저한테 최후의 선택이었을 거로 생각해요. 왜냐하면 저한테는 선택지가 그것밖에 없었을 거라고 생각하기 때문에 저를 비판

하거나 과거를 매도하고 싶지는 않아요.

"흐르는 시간 속에서 사소하지만 확실한 행복들을 찾는 게 가장 중요한 것이다." 이렇게 말해 주고 싶어요. "어차피 시간은 동일하게 흐르니까 그 시간에 자해 같은 비생산적인 일을 하는 것 대신 사소하지만 중요한 행복들을 찾자. 그게 내가 가장 첫 번째로 해야 할 일이다." 이런 생각을 많이 해요.

Q : 자살이나 자해를 시도하는 친구들을 어떻게 도울 수 있을까요?

A : 저는 자해 때문에 폐쇄병동에 입원했고, 그곳에서 자해와 자살 시도 때문에 입원한 친구를 만났어요. 그 친구에게 항상 "너한테 살라고 강요하지 않을게. 하지만 난 너를 정말 좋아하기 때문에 너랑 오래 보고 싶어. 오늘도 살아 줘서 고마워. 오늘도 수고했어. 내일은 나랑 같이 조금 더 행복한 하루 보내자. 내일 아침에 내가 먼저 연락할 테니까 연락 꼭 받아줘." 이런 식으로 미래를 약속하는 말들을 주로 해요. 먼 미래가 아니라 짧은 미래요. 내일 아침 모레 점심 이렇게 약속을 정해 놓으면 그때까지는 약속이 있으니까 그때까지는 죽지 말아볼까? 약속이 또 생겼네. 이때까지는 좀 살아 있어 볼까? 이런 생각들이 들게 좀 유도해 주는 거죠.

그 친구와 저는 항상 자기 전에 "수고했어. 고마워." 이런 말들을 자주 하는 편이에요.

그 친구랑 그 친구의 존재 자체에 감사하고 그 친구가 오늘 아무엇도 하지 않았어도 그 자체만으로 칭찬하고 감사해요.

Q : 자살이나 자해를 시도하는 친구들에게 어떤 말을 하고 싶나요?
A : 일단은 자해하고 나면 그럴 힘이 없겠지만 상처 소독을 꼭 했으면 좋겠어요.

저는 "자해하지 말아라." 이렇게 얘기할 수 없을 것 같아요. 이거 제가 말린다고 해서 안 할 문제였으면 애초에 하지도 않았을 걸로 생각하거든요. 근데 저는 자해를 한 사람이 누구든 너무 아프지 않았으면 좋겠어요. 그래서 상처 소독은 스스로라도 꼭 하자.

다음은 자해 생각이 들면 전화하자.

누구한테든 그게 친구든 부모님, 선생님 아니 하다못해 1393일지라도 전화해서 다른 사람의 목소리를 한번 듣자. 이게 굉장히 도움이 많이 되거든요. 다른 사람의 목소리를 듣는 게 이 공간에 나 혼자 있지 않다는 그런 소속감이 들어 굉장한 위안이 돼요. 저도 1393에 전화를 되게 많이 했었어요. 그래서 전화하는 게 도움이 많이 되는 것 같아요.

○ ─── 별들의 소리 ─── ○

17세인 나초는 일반계 고등학교를 1학년 때 자퇴하고 대안학교에서 생활하고 있다. 큰 키에 오뚝한 콧날, 평범해 보이는 나초이지만 3년 전에는 하루하루 삶을 버티기 힘들었다고 한다.

Q : 자살을 시도하거나 자해를 해본 적이 있나요?

A : 자해는 제가 초등학생 5학년 때부터 중2 때까지 많이 했어요. 주로 그냥 손목을 그었죠. 지금은 상처가 없네요.

제가 자살을 계획하고 시도한 첫 번째는 중2 때예요. 중2 때 자살하려고 계획을 몇 번 세웠었고 최초로 시도했어요. 중2에서 중3 때 여러 방법으로 자살을 시도했어요. 목에다 칼 같은 것으로 찌르려고도 몇 번 했었고, 목을 한 번 매달아 본 적도 있고, 또 아파트 옥상이나 건물 옥상 같은 데 올라가서 뛰어내리려고도 했고, 동네 뒷산 정상에 가서 몇 번 뛰어보려고 했었어요.

그때는 제가 학교생활을 이어 나가기가 힘들 정도로 왕따를 심하게 당했었어요. 허위 사실이 학교에 퍼져서 친구들이 저를 안 좋게 봐서 힘들었죠. 왕따 때문에 힘들어서 초등학교 6학년 때는 학교에서 수업 도중에 창문 밖으로 뛰어내리려고 하거나 쉬는 시간에 창문 밖으로 몸을 내밀고 매달려서 몇 번 뛰어내리려고도 했었어요. 친구들이나 선생님이 말려서 그만두게 됐죠.

Q : 자살이나 자해 시도가 정신적, 신체적으로 어떤 상처나 아픔을 남겼나요?

A : 정신적으로는 자존감이나 자신감 같은 걸 떨어뜨린 것 같

아요. 부모님이나 선생님께 걱정도 많이 끼쳤어요. 그때 부모님은 제게 위로를 많이 해 주시고 대화도 많이 해 주셨어요. 만약에 그 때 부모님까지 제 편이 아니었더라면 저는 이미 별이 되었겠죠. 또 전문 상담을 몇 번 받아봤고 우울증 약을 몇 번 지어 먹었어요.

Q : 지금은 어떻게 이겨내고 있나요?

A : 그때 이후 한 3년간 계속 약을 먹고 있어요. ADHD랑 우울 증 약 두 가지를 먹고 있어요. 그때는 제게 학교 위클래스 상담 선 생님밖에 없었어요. 3년 내내 상담을 받았어요.

지금은 자살 같은 건 안 해요. 중학교 2학년 때 이후로 자해는 하지 않았어요. 그런데도 가끔 생각이 나요.

제일 큰 도움이 됐던 게 저는 대안학교에 온 것이라고 생각해 요. 여기 와서 약도 꾸준히 먹었고, 예전에 제가 자살을 하려고 시 도한 주된 원인이 친구관계였는데 여기 대안학교에 와서는 왕따 도 없고, 친구관계가 달라지고, 새롭게 배우고 훈련하다 보니까 자해나 자살에서 좀 거리를 두게 된 것 같아요.

Q : 자살이나 자해를 시도했던 일에 대해 지금은 어떻게 생각하 나요?

A : '내가 좀 더 뭔가 원하는 취미 같은 걸 찾았으면 굳이 나한테 손댈 일은 없지 않았을까? 그렇게 피를 보진 않아도 되지 않았을 까?' 생각해요. 그러면 버틸 힘이 생기지 않았을까 생각해요. 그때

는 어디로도 나갈 수 없게끔 상황이 꽉꽉 막혀 있었던 것 같아요.

지금 생각해 보면 그때 좀 한심하기도 하고 후회도 좀 되고 그래요. 한편으로는 좀 안도감 같은 것도 들곤 해요. 그때는 그렇게 힘들었는데 지금은 괜찮아졌으니까 살길을 찾았다는 생각이 들어요.

Q : 회복하는 데 가족, 친구, 선생님 등 지인들이 어떻게 도움을 주었을까요?

A : 부모님은 상담 선생님 같은 좋은 사람들을 많이 만나게 해 줬고 선생님도 제 이야기를 많이 들어 주셨어요.

Q : 자살이나 자해를 시도했던 나에게, 부모님께 어떤 말씀을 드리고 싶나요?

A : 나에게는 "그때 힘들었을 텐데, 몇 번 칼을 몸에다 가져다 댔는데, 그때 버티고 잘 넘어와 줘서 고맙다"고 말하고 싶어요. "네가 하고 싶은 게 생기고 뭔가 해야 할 목표가 생긴다면 너는 살아가는 시간도 부족할 거야. 그리고 누군가에게 너는 큰 존재였을 거야."라고 말하고 싶어요.

부모님께는 "제가 이제 올바른 길로 올 수 있게 도와줘서 많이 고맙다"고 말하고 싶어요.

Q : 자살이나 자해를 시도하는 친구들과 그들의 부모님께 어떤

말씀을 드리고 싶나요?

A : 그런 친구들에게 "세상은 아직 살 만하다. 지금 힘들더라도 조금만 버티고 주위 사람들한테 무조건 자기 힘든 것을 말해라. 누구에게든 말해라. 위클래스 선생님이나 옆에 있는 사람에게 이야기하지 못 하면 그런 기관이라도 전화해서 힘들다고 말해 봐라. 무조건 입 밖으로 꺼내라." 이런 말을 해 주고 싶어요. 본인이 힘들다는 걸 말하는 게 제일 중요한 것 같아요. "네가 원한다면 내가 너의 고민을 들어줄게."라고 하고 싶어요.

부모님들께는 그냥 아무 말 없이 안아 줬으면 좋겠어요. "아이가 힘들어 할 때 공부에만 너무 신경 쓰지 말고 아이들을 좀 더 알아주고 돌봐 줘라. 아이들을 위해서 좀 힘써 줘라." 이렇게 말씀드리고 싶어요.

엄마, 걱정하지 마! 안전하게 다녀올게

별이가 중학교 3학년이던 그해 초여름, 한참 깊은 단잠이 들었던 새벽 2시 무렵 아내가 갑자기 잠을 깨웠다. 별이에게서 이상한 문자가 왔다는 것이다.

'엄마, 걱정하지 마! 안전하게 다녀올게.'

느낌이 좋지 않았다.

분명 별이가 9시가 넘어서 집에 들어오는 소리를 들었는데, 이게 무슨 말인가?

별이의 방으로 달려가 보았더니 방안은 텅 비어 있었다. 얼른 차고로 가 보니 자동차 한 대가 없어졌다.

'어떤 녀석이 와서 차를 끌고 간 거야? 혹시 좋지 않은 사람과 함께 차를 가지고 간 거라면 어떡하지? 별이에게 무슨 일이라도 일어난 건 아냐?'

순간 오만가지 생각이 머리를 스쳤다. '어떤 나쁜 놈이 별이를 꾀어 내 차를 끌고 간 것은 아닐까.' 하는 생각이 들었다.

얼른 별이에게 전화를 했다.

그때부터 가슴은 방망이질을 치기 시작했다.

"별아, 너 거기 어디니? 누구랑 같이 있니?"

전화를 하고 있는 동안에도 계속해서 손이 떨렸다.

"아빠, 여기 김포 마송인데 나 혼자 있어."

"운전은 누가 했니?"

"내가 했어."

처음엔 별이의 말이 믿기지 않았다. 한 번도 운전을 해본 적이 없는 아이가 30여 km를 운전하다니?

"진짜 네가 했어? 다른 사람과 같이 있는 것 아니니?"

"아냐, 내가 집에 들어갈 수 있어."

별이는 자기가 운전해서 나왔으니 운전해서 집에 갈 수 있다고 했다. 간담을 쓸어내리며 침착하게 설득했다.

"안 돼. 자동차가 얼마나 위험한 물건인지 아니? 너만 다치는 게 아니라 다른 사람을 크게 다치게 할 수도 있어."

"천천히 운전해서 집에 갈 수 있어."

"별아, 절대 움직이면 안 돼. 안 그러면 지금 경찰에 신고할 거야."

나는 경찰까지 들먹이면서까지 별이가 운전을 못 하도록 제지했다.

"안 돼 아빠, 경찰에 신고하면 나 감방 간댔어. 친구가 무면허로 운전하면 감방에 간다고 했단 말이야."

"그러니 절대 움직이면 안 돼. 알았지?"

"응, 알았어."

다행히 술을 마신 것 같지는 않았다.

경찰을 들먹이며 겨우 가만히 있겠다고 다짐을 받고는 아내와 함께 별이가 있는 곳으로 달려갔다. 별이에게 가는 동안 간절히 기도 했다. 제발 별이가 더 이상 무모하게 운전을 해 다치지 않게 해 달라고.

다행히 자동차는 표면이 약간 긁혀서 흠집이 났을 뿐 사고가 나지 않았고 별이도 무탈하게 우리를 기다리고 있었다.

어린 별이는 어떻게 배우지도 않은 운전을 해서 차를 몰고 도로로 나갈 생각을 할 수 있었을까? 그나마 운동신경이 좋아서였는지 사고를 내지 않았던 게 다행이었다.

별이는 운동을 좋아할 뿐 아니라 어려서부터 운동신경이 남다른 아이였다. 초등학교 1학년 때부터 6년 반이 넘게 태권도를 익히고 있었고, 다섯 살 때부터 두발자전거를 타며 여섯 살 때는 동네 동생들을 뒤에 태우고 다닐 정도로 균형 감각이 좋고 운동신경이 뛰어났다.

하지만 아무리 그래도 운동신경과 자동차 운전은 전혀 다른 세계다. 그런데 곁눈질로 내가 운전하는 걸 보고는 자동차를 몰고 나갔던 것이다.

어쨌든 천만다행한 일이 아닐 수 없었던 경험이다.

김포에서 별이를 태우고 돌아오는 길에 자동차 운전이 얼마나 위험한 일인지 그리고 다른 사람의 생명을 빼앗을 수 있고 자신의 인생도 망칠 수 있는 위험한 행동이라는 걸 거듭거듭 강조하였다. 아빠의 이야기를 마음에 새겼는지, 더 이상 그럴 기회가 없었는지 모르겠지만 그 후로 별이가 무면허로 자동차를 운전하는 일은 없었다.

아내와 내가 크게 놀랐음은 물론이다. 그럴 만큼 충격적인 사건이었다. 별이의 행동이 너무나 대범했기 때문이다. 별이는 무서울 게 없는 시기였다.

물론 열쇠를 무신경하게 두었던 내 책임도 있었다는 걸 깨닫고는 그 뒤로 자동차 열쇠를 늘 바지 주머니나 안방에 두는 습관을 지니게 되었다. 별이에게 견물생심見物生心의 마음이 들지 않도록 하는 게 엄마 아빠가 먼저 조심해야 했던 것이다.

문청소년진로연구소 소장인 '마음유통업자' 문경보 선생님은 청소년들과 '인생 곡선 그리기'란 프로그램을 자주 진행하신다. 그 프로그램을 통해 어린 시절 감당하기 벅찬 어려움을 끌어안고 살아온 청소년들에게 "잘 살아왔구나."라고 위로하는 대신 이런 말을 전한다고 한다.

"네 인생 곡선이 심장 박동을 나타내는 그래프라고 생각해 봐. 심장 박동 그래프가 일직선이 되면 그 사람은 어떻게 되지? 그렇지. 생명이 끝난 거지. 그러니까 네 삶에서 행복과 불행이 반복되었어도, 설령 계속 불행해서 네 삶이 내리꽂는 직선으로만 그려졌다 해도 너는 가슴이 뛰는 삶을 살아왔던 거야. 아주 잘 살아낸 거야. 그래서 이 곡선을 '인생 곡선'이라고 하잖니? 행복하게, 그리고 불행하게 느끼는 사건 모두 네 소중한 인생이야. 네가 행복이나 불행보다 큰 존재이기 때문에 견뎌낼 수 있었던 거야."

별이에게 인생 곡선을 그려 보라고 하면 행복과 불행이 위아래로 요동칠 것이다. 길지 않은 인생이지만 그 시간이 별이에게는 "내가 여기 이렇게 가슴 뛰게 살고 있소."하고 외치는 시간이었다. 인정받고 싶어서, 사랑받고 싶어서, 때론 외롭고 힘들어서 세상을 향해 외친 것이다. 무모하게 보이는 인생의 순간순간 자신이 살아 있음을 찐하게 보여 주는 시간이었을 것이다.

"별아. 이젠 성인이 되었으니 면허증을 따고 운전하렴. 면허증 따면 차는 언제든 빌려줄게."

별들의 소리

헬스로 다져진 듯한 단단한 체격을 가진 강혁이는 고등학교 1학년이다. "할 거 다 해봤어요."라고 말했던 것처럼 강혁이는 산전수전을 다 겪었다. 그런데 그런 강혁이도 부모님을 생각하는 여느 집안의 평범한 아들이었다.

Q : 무면허로 자동차나 오토바이 운전을 해본 적이 있나요?

A : 제가 무면허운전을 처음 했던 때는 아마 초등학교 6학년에서 중학교 1학년에 올라갈 때쯤이에요. 그때 아는 형들한테 오토바이를 빌려서 탔었죠. 처음에는 되게 재밌었어요. 제가 직접 운전해서 달릴 수 있는 거잖아요.

두세 번쯤 무면허운전을 하다가 경찰에 걸렸어요. 무면허를 하는 많은 케이스는 오토바이를 훔쳐서 타는 거예요. 그걸 '딸키 친다.' 라고 하는데, 오토바이가 세워져 있는 거를 아무 키나 키 박스에 넣고 계속 돌리다 보면 따여요. 원래 키가 아닌데도 다른 키를 넣고 막 하다 보면 시동이 걸리는 거죠. 그렇게 해서 그걸 타고 놀거나 아니면 형들한테 오토바이 빌려서 타고 놀다가 경찰한테 걸렸죠.

자동차 같은 경우에는 제가 중학교 2학년 때부터 무면허운전을 시작했어요. 처음에 어머니 차를 몰래 탔는데, 한 번도 사고가 안 났어요. 그러다 경찰한테 몇 번 걸렸죠. 남의 차는 아는 형들이 돈 빌려 주고 담보로 받은 자동차나 아니면 운전면허증을 도용해서 렌트업체에서 차를 빌려서 탔었죠.

Q : 자동차나 오토바이 무면허운전을 할 때 마음은 어땠나요?

A : 기분이 되게 좋죠. 속도감이 있어서 정말 재미있어요. 운전이라는 거는 좀 중독성이 있는 것 같아요. 왜냐하면 가고 싶을 때나 하고 싶을 때 타고 어디든 갈 수 있으니까요.

Q : 무면허운전으로 부모님과 어떤 갈등을 갖게 되었나요?

A : 많이 겪었죠. 자동차운전을 처음 했을 때는 엄마가 걱정을 많이 하셨어요. "너 만약에 그러다가 사람이라도 다치면 어떡할 거냐." 그런 식으로 이야기하셨죠. 집에서 쫓겨난 적도 몇 번 있었어요. 친구들이랑 찜질방이나 24시 카페에서 생활했죠. 부모님이 관대한 편이라서 때리지는 않으셨어요. 아빠는 네가 잘못한 거면 네가 알아서 해결하라고 하셨어요.

근데 저희 엄마는 마음이 약하세요. 밖에서 밥은 잘 먹고 있을까, 잠은 잘 잤을까, 이런 생각을 많이 하셔서 거의 쫓겨나서 이틀이면 들어갔던 것 같아요.

Q : 지금은 어떻게 하고 있나요?

A : 지금은 이제 사고 치지 않고 성실하게 학교 다니고 그냥 알바하면서 살고 있죠.

Q : 무면허운전에 대해 지금은 어떻게 생각하나요?

A : 무면허운전은 솔직히 좀 마약과 같다고 생각해요. 마약은 끊을 수가 없잖아요. 그래도 자동차 무면허운전은 정신을 차리면 끊을 수 있어요. 끊을 수 있는데, 그래도 한 번 맛을 보면 빠져나오기 쉽지 않은 게 사실이죠.

Q : 가족, 친구, 선생님 등 지인들이 어떻게 도와 주면 좋을까

요?

A : 도와 줄 거라고는 딱히 없는 것 같아요. 솔직히 옆에서 말해도 안 듣는 애들은 안 듣고 그러니까, 자기 자신이 뉘우쳐야 해요. 이것을 그만해야겠다는 것. 자기 자신이 뉘우치기 전까지는 끝까지 하게 돼요. 무면허운전은 사실 범죄라고 생각하거든요.

Q : 무면허운전을 한 나에게, 부모님께 어떤 말씀을 드리고 싶나요?

A : 저 자신에게는 "지금까지 별 사고가 나지 않았으니까 정말 다행이다. 이제 그만할 때가 됐으니까 그만 하자." 그런 말을 하고 싶어요. 부모님께는 지금까지 너무 죄송했고 다음부터 이런 일 반복하지 않겠다고 말씀드리고 싶어요.

Q : 무면허운전을 하지 말자고 결심한 계기가 있나요?

A : 엄마의 눈물 때문이에요. 제가 경찰서에서 연락이 올 때마다 엄마가 많이 우셨어요. 중학교 1학년 때부터 지금까지 근 4년 내내 우셨죠. 엄마가 가슴이 찢어졌죠. 제가 이렇게 사고를 쳤는데 부모님은 우시고 그러니까 고등학교 올라가서 엄마 다시는 안 울려야지 생각했어요.

Q : 무면허운전을 시도하는 친구들에게 어떤 말을 해 주고 싶나요?

A : 지금 시작하는 친구들한테는 말리고 싶죠. 왜냐하면 제 친구들 10명이 있다면 거의 7명은 사고가 나요. 차 대 차든 사람 대 차든 사고가 나요. 솔직히 한두 번이 반복되다 보면 무면허운전이 습관화 되고 당연한 게 돼요. 제가 그랬거든요. "무면허운전이 당연하다, 내가 차가 있는 게 당연하다." 이런 생각을 중학교 때 까지는 했었는데 고등학교 올라오니까 그만해야 겠다는 생각이 들었죠.

그래서 요즘 하려는 친구들이나 지금까지 해왔던 친구들에게 하고 싶은 말은 "그러다가 큰 사고가 나는 거니까 조심해라. 그렇게 반복이 되고 습관이 되는 거다." 이렇게 말을 해 주고 싶어요.

Q : 무면허운전을 시도하는 친구들 부모님에게 어떤 말씀을 드리고 싶나요?

A : 부모님이 화내고 욕하고 때리는 건 솔직히 아이들 스트레스만 더 쌓이게 하는 거라고 생각해요.

부모님이 해 주실 수 있는 거는 진심어리게 아들한테 그런 거 안 했으면 좋겠다고, 너무 걱정되고, 너무 슬프다고, 그런 식으로 이야기하시는 것밖에는 없어요. 눈물로 호소하면 그래도 어느 정도 들어 먹는 애들이 있어요. 때리고 막 욕하고 그런다고 알아듣는 애들 없거든요.

Q : 그 외에 하고 싶은 말씀은?

A : 무면허운전은 솔직히 호기심으로 한두 번 하다 보면 범죄가 되는 거예요. 웬만하면 안 했으면 좋겠죠. 면허를 따고 했으면 좋겠어요. 왜냐면 요즘 노는 데 눈을 뜨는 나이가 중학교 1학년이거든요. 이제 성인이 될 때까지 6년밖에 안 남았잖아요. 길면 길고 짧으면 짧지만 6년이라는 시간을 좀 기다려 봤으면 어떤가 하고 생각해요. 그래서 범죄 경력도 안 쌓이고 공부하고 좋은 데 취직해서 그때 면허를 따고 좋은 차 좋은 집 사서 나중에 결혼할 사람이랑 같이 잘 생활했으면 좋겠어요.

○───── 별들의 소리 ─────○

단단한 몸매를 가진 성수는 체격이 좋아 중학생 때 복싱선수를 하였다. 그러다 사고를 치면서 중학교 3학년 때 복싱을 그만 두었고, 지금은 특성화 고등학교 2학년이다.

Q : 무면허로 자동차나 오토바이 운전을 해본 적이 있나요?

A : 중3 때 친구 세 명과 오토바이를 훔쳐서 탔어요. 중3 초반까지는 복싱선수를 하였는데, 2학기에 친구들과 어울리면서 복싱을 그만 두고 놀기 시작했어요. 오토바이를 타고 밤새 놀았죠. 그러다가 경찰에 잡혔어요. 그렇게 남의 오토바이를 다섯 번 정도 훔쳐서 탄 것 같아요. 다섯 번 경찰에 잡혀갔어요.

Q : 오토바이를 운전할 때 마음은 어떠했나요?

A : 처음엔 재미있었죠. 빠르게 달리다 보면 그냥 신나고 스릴감도 있고 그랬어요. 나중엔 사고를 내서 죽거나 다칠 수도 있고, 남을 다치게 할 수도 있다고 생각하니까 무서워지기도 했지만요.

Q : 오토바이 무면허운전으로 다치거나 부모님과 갈등을 겪지는 않았나요?

A : 많이 다친 적은 없지만 넘어져서 무릎에 큰 흉터가 있어요. 오토바이를 훔쳐서 탔을 때는 부모님이 합의하고 저는 따로 벌을 받았죠. 재판에 나가서 보호관찰처분을 받거나 사회봉사랑 수강명령 교육 같은 것도 받았죠. 그 일로 부모님께 많이 혼났어요. 위험하니까 타지 말라고 하시고 때리기도 하셨죠.

Q : 지금은 어떻게 하고 있나요?

A : 지금은 면허증 있으니까 배달 알바를 하고 있어요.

Q : 무면허운전에 대해 지금은 어떻게 생각하나요?

A : 위험하죠. 크게 다칠 수도 있고. 양심에 찔리기도 해요.

Q : 무면허운전을 했던 나에게, 자동차나 오토바이 무면허운전을 시도하는 친구들에게 어떤 말을 해 주고 싶나요?

A : 무면허운전을 했을 때를 생각하면 진짜 왜 그랬나 싶죠. 무

면허는 솔직히 위험하잖아요. 처음에 탈 때는 사고가 날까봐 조심하다가도 타다 보면 사고가 나지 않을 거라는 자신감 때문에 조심하지 않는 경우도 있고, 핸들을 심하게 꺾으면서 타는 경우도 있죠. 일단 사고 나면 인생 망해요. 정말 위험해요.

친구들에게는 나중에 면허를 따고 그때 많이 타라고 하고 싶어요. 나는 그때 친한 형한테 많이 혼났어요. 형이 나에게 한 번만 더 타면 백 대 맞을 각오를 하라고 했어요.

Q : 부모님께 어떤 말씀을 드리고 싶나요?

A : 정말 미안하죠. 부모님은 있는 돈 없는 돈 다 모아서 저 먹여 살리려고 하는데, 저는 사고 쳐서 그 돈을 다 합의할 때 쓰잖아요. 합의금이 아마 2천만 원은 나왔던 것 같아요. 그 사람이 만약 일하는 사람이면 일을 못 한 것까지 줘야 해요. 저는 무면허라서 그 사람이 달라고 하는 대로 줘야 했을 거예요.

Q : 무면허운전을 시도하는 친구들 부모님에게 어떤 말씀을 드리고 싶나요?

A : 제가 만약 부모라면 제 아이가 무면허운전을 하고 운전하는 걸 좋아하면 제가 직접 운전 알려줄 것 같아요. 무면허로는 절대 타지 말게 하고 면허증을 따고 타게 하라고 하겠어요.

아빠, 문신을 하나 하려고

"아빠, 문신 하나 하려고 해."

별이가 중학교 2학년이었던 어느 날, 왼쪽 팔뚝에 문신을 하고 왔다. 중학교 2학년인 여자아이로서 문신은 상상도 못 할 시기인데, 일을 저지르고 온 것이다. 잘 보이지 않는 곳에 조그맣게 의미 있는 문신을 한 것도 아니고 팔뚝에 커다랗게. 내용도 기가 막힌다. 예쁜 꽃 한 송이를 타투한 것이 아니라 'Enjoy your failure.(실패를 즐겨라)'라는 기막힌 문구다. 당황스러웠다.

'팔에 문신을 하다니! 쉽게 지울 수도 없는데 어쩌나.'

볼 때마다 속이 상했다.

어떻게 하면 딸이 문신을 더 이상 하지 않도록 할 수 있을지 고민하던 나는 어느 날 별이에게 제안을 하나 했다.

"아빠랑 커플문신을 하는 게 어때? 좋은 문구를 찾아서 아빠와 딸로서 우리만의 문신을 하는 거야."

아빠랑 커플 문신을 하는 걸 끝으로 더 이상 문신을 하지 않겠다는 다짐을 받을 생각이었다.

나의 제안에 별이는 예상외의 대답을 하였다.

"안 돼 아빠, 문신이 얼마나 아픈지 알아? 아빠는 견디기 힘들 거야!"

"괜찮아. 딸과 커플문신을 하면 딸을 잃을 염려도 없고 좋잖아."

"그래도 아빠가 너무 아파."

아빠가 속상해 하는 것도 알고. 자신은 문신을 하지만 아빠는 너무 아프니 안 된다는 우리 딸.

그 후 두세 달쯤 지난 어느 날 별이로부터 전화가 왔다.

"여보세요. 아빠, 나 허벅지에 문신 하나 하려고 해."

이미 문신시술소에서 전화를 한 것이라는 직감이 들었다.

몇 마디 나누는 동안 먼 곳에 있는 딸을 전화로 설득하는 건 불가능하리라는 것을 깨달았다. 별이는 아빠와 의논을 하거나 허락을 받기 위해 전화한 게 아니었다. 통보하려고 전화한 것이다. 별이는 마음먹은 건 꼭 해야만 하는 성격이었다. 문신을 하기 위해 그동안 돈을 모으고 문신 시술소까지 찾아간 상황에서 문신을 하지 말라는 내 말이 무슨 소용이 있겠는가?

나는 별이에게 당부하고 또 당부했다.

"조그맣게, 남들 눈에 크게 띄지 않게 하렴."

저녁에 돌아온 별이의 허벅지에는 손바닥만한 장미 문신이 있었다.

'조그맣게 하라고 했더니 반바지도 입을 수 없을 만큼 큰 문신

을 허벅지에 하다니.'

너무나 속상한 마음을 주체하기가 어려웠다. 별이도 문제지만 문신시술소에서는 어떻게 중학교 2학년 여학생에게 문신을 해 줄 수 있는가. 그들은 딸도 없고 여동생도 없단 말인가?

더 이상 문신을 하지 않도록 별이를 설득하기는 도저히 어려웠다. 그래서 문신을 해 준 사람을 찾아가기로 마음먹었다. 고발하든지, 따지든지, 문신시술소를 둘러엎든지 할 심산이었다. 하지만 어디서 문신을 했는지 알기는 쉽지 않았다.

몇 주 동안 별이에게 가끔 툭툭 질문을 던져서 얻은 정보를 종합하면 인천 부평역에서 멀지 않은 경인선 전철역 부근이었다. 광장이 있고 철로를 건너는 지하 통행로가 있다는 걸 보면 동암역이 틀림없다는 생각이 들었다. 타투이스트 언니로부터 시술을 받았다고 했으니 여성 타투이스트를 찾기만 하면 되었다.

어느 토요일 오후, 햇살이 뜨겁게 내리쬐고 있었다. 휴대전화로 미리 검색한 동암역 부근의 문신 시술소를 샅샅이 뒤졌다. 여성 타투이스트가 있는지, 중고등학생도 시술을 할 수 있는지 물어보았지만 어느 곳에도 여성 타투이스트는 없었다. 미성년자들은 법적으로 문신을 해 줄 수가 없다는 것이다. 어떤 곳은 시술 장부를 보여 주기도 했다. 어떤 곳은 인터넷으로 검색한 곳을 찾을 수가 없었다. 참 난감했다. 이대로 돌아가야만 하나….

마지막으로 찾아간 곳은 복도 유리를 검은색으로 선팅을 해 다소 공포스러운 분위기를 풍겼다. 어둡고 긴 복도를 지나 문을 열고 들어갔더니 몇 명의 타투이스트가 문신 시술을 하고 있었다. 제일 안쪽에 여성 타투이스트가 있었다. 마침내 별이를 시술한 타투이스트를 찾은 것이다.

그녀는 우리 별이를 기억하고 있었다. 나는 왜 중학생인 딸에게 문신을 해 주었는지 따져 물었다.

"중학생에게 문신 시술을 하면 어떻게 합니까? 제가 딸이 하고 온 문신을 보고 얼마나 속상하고 화가 났었는지 아세요?"

그녀는 깜짝 놀라며 대답했다.

"저는 별이가 중학생이었는지 몰랐어요. 별이도 자신이 고등학교를 졸업했다고 말했어요."

답답하고 속상했다.

"그러면 나이를 확인해야 하지 않습니까?"

"별이가 고등학교를 졸업한 것처럼 성숙해 보였고 신분증을 가져오지 않았다고 해서 확인을 못 했어요. 죄송해요."

'겨우 중학교 2학년인데 고등학교를 졸업했다고 믿었다니….

깊은 한숨이 흘러나왔다.

중학생인 당신 동생이 문신하면 마음이 어떻겠느냐고 따지며 다시는 문신을 해 주지 말 것을 당부하였다.

하지만 별이는 그 후에도 돈이 모이는 대로 팔과 어깨에 문신을 하나씩 채워 갔다.

문신은 가끔 별이에게 좋게(?) 작용할 때도 있었다.

얼마 전 아내는 별이와 목욕탕을 갔는데, 손님들이 많아 앉아서 씻을 의자가 하나밖에 없었다. 별이가 의자를 보고는 얼른 가서 엄마를 불렀다.

"엄마, 여기 의자 있어. 이리 와."

그때 옆에서 때를 밀던 아주머니가 별이의 문신을 보고는 일어서며 말을 건넸다.

"아가씨, 여기 앉아요."

그리고 아내와 별이가 탕으로 들어가자 탕에 있던 손님들이 하나둘 자리를 피해 주더라고 했다.

아내는 '우리 별이가 얼마나 착한데….' 하며 속으로 웃음을 금치 못 하였다고 한다.

별이가 중학교 3학년을 마치던 해에는 온 가족이 필리핀 보라카이로 가족여행을 갔었다. 그곳은 휴양지로 유명한 관광지라서 많은 한국인과 외국인들이 있었고, 현지인들은 마사지나 보트체험 상품을 팔기 위해 관광객들을 따라다니며 호객행위를 했다. 그런데 호객행위를 하는 현지인 중에는 별이 언니들에게는 관심을 보이지 않았지만 문신을 한 셋째 별이에게는 "오 내 스타일, 내 스타일" 하며 따라다니는 총각들이 있었다.

'어딜 감히, 우리 귀한 딸을….' 하며 마음속으로 외쳤지만, 기분이 크게 나쁘지는 않았다.

넓은 휴양지에 세 딸이 다닐 때는 대학생 언니들이 중학생 동생을 돌보는 것이 아니라 문신을 한 셋째가 언니들을 지켜 주고 있다는 생각이 들어 안심이 되었다.

별이가 고등학교 3년을 도시에서 혼자 자취를 할 수 있었던 것에도 문신이 조금은 도움이 되었으리라 생각된다. 적어도 별이가 약한 애는 아니라는 생각을 남자들에게 주었으리라고 믿는다.

사실, 이제는 타투를 좀 더 열린 시선으로 볼 필요도 있는 것 같다. 외국 연예인들이나 운동선수 중에는 크고 작은 문신을 한 이들이 많은 것을 보면 외국에서는 익숙한 문화가 되지 않았는가.

중학교를 졸업할 때 별이는 도시에 나가 자취하면서 고등학교에 다니겠다고 했다. 물론 나와 아내는 적극적으로 반대했다. 이 무서운 세상에서 열다섯 살밖에 안 된 딸아이를 도시에서 혼자 살게 한다는 것은 사자 굴 앞에 아이를 두는 것 같은 마음이었다. 답답한 마음에 별이를 오랫동안 상담해 주신 센터의 상담 선생님에게 이야기했는데 대답이 의외였다.

"아버님, 별이는 클래스가 달라요! 아메리칸 스타일로 키우세요. 미국에서는 중학교를 졸업하면 대부분 부모를 떠나 독립해요."

아메리칸 스타일이라는 선생님의 말씀에 귀가 번쩍 뜨였다.

'그래! 아메리칸 스타일로 키우는 거야. 우리 딸은 클래스가 달라!'

반팔 티셔츠 아래로 팔뚝에 귀여운 무늬의 문신 세 개를 드러낸 혜진이는 고등학교 2학년이다. 고운 얼굴에 문신이 의외였다.

Q : 어떻게 문신을 하게 되었나요?

A : 중학교 2학년 때 갑자기 문신을 하고 싶다는 생각이 들었어요. 눈 밑에 점을 하나 찍고 싶었어요. 어릴 때부터 아이라인으로 눈 밑에 점을 찍고 다녔는데, 이제 그냥 새겨야겠다는 생각이 들었어요. 한 번 문신을 해보니까 더 하고 싶어서 중3 때 팔뚝에 하게 되었어요.

나비 그림은 제가 그냥 이쁘다고 해서 한 거고 이거는 내가 어릴 때 그렸던 우리 가족 그림인데, 어릴 때 그렸던 도안 그대로 갖고 와서 인스타나 SNS에 오늘 작업 가능한지 물어보고 바로 했어요.

Q : 문신을 할 때 마음은 어떠했나요?

A : 설렘 반 기대 반, 두려움 반 다 섞였던 것 같아요.

Q : 문신을 해서 좋은 점과 어려운 점은 어떤 것이 있나요?

A : 좋은 점은 내가 해보고 싶은 것 해서 내가 만족하는 거죠.

근데 문신이라는 이미지가 아직 좋게 바뀌지는 않았잖아요. 처다보는 사람이 많아서 내가 스트레스를 받는 거죠. 문신을 한 지

몇 년 됐는데도 작은 오빠만 알고 부모님과 큰오빠는 모르거든요. 그래서 긴팔 옷을 입고 다니는 것이 힘들어요. 부모님이 알면 무척 화를 내시겠죠.

Q : 문신을 한 것에 대해 지금은 어떻게 생각하나요?

A : 저는 무조건 하지 말라는 쪽은 아니에요. 저는 하고 싶은 걸 안 하면 후회하거든요. 해보고 후회하는 게 안 하고 후회하는 것보다 더 낫다고 생각해요. 저는 하고 싶다는 생각이 한 번 들면 그냥 하는 것 같아요. 만약에 문신을 하고 싶은데 안 했다면 계속 마음에서 맴돌았을 것 같아요.

Q : 중학생 때 문신하고 지금까지 어떻게 안 하고 버티고 있나요?

A : 원래 어릴 때 내가 그린 가족 그림만 타투하려고 했는데, 연달아 두 번을 더한 거예요. 여기서 더 많이 하면 안 되겠다고 혼자 깨닫게 되었죠. 500원짜리 크기의 타투 하나를 지우는 데 몇 백만 원인데 여기서 더 해봐요. 저는 문신할 때 내가 그린 그림만 남기고 다른 것은 지울 생각을 하고 했어요.

그 나이 때 '하고 싶은 것은 꼭 해봐야 된다.' 그런 게 있어서 20대 때는 20대 때 해봐야 되는 게 있잖아요. 타투는 너무 일찍 했지만요. 저는 타투를 할 때 지울 생각하고 했어요.

Q : 가족, 친구, 선생님 등 지인들은 문신을 한 것에 대해 어떻게 생각하시나요?

A : 부모님은 모르고 계시고, 제가 한 문신은 이레즈미 같은 위압감 드는 문신이 아니고 나비그림과 어릴 때 내가 그린 그림이니까 선생님이나 친구들이 귀여워하는 것 같아요.

Q : 문신을 한 나에게, 문신을 하고자 하는 친구들에게 어떤 말을 건네고 싶나요?

A : 가끔씩 후회한 적 있거든요. 제가 대학교에 가서 항공 승무원이 되는 게 버킷리스트예요. 그런데 하고 싶은 일이랑 맞닥뜨리면 승무원도 안 되고 간호사도 안 되고, 안 되는 게 많으니까 속상하죠.

저는 하지 말라고 말은 하고 싶지만 하고 싶은 건 다 하자는 주의예요. 그래서 이미 한 거 후회하기보다 하고 싶은 건 다 하고 살고 싶어요. 타투가 청소년들에게 불법이긴 하지만 다른 사람에게 큰 피해를 주는 건 아니잖아요.

친구들은 안 했으면 좋겠다고 제가 말리죠. 자기가 스스로 깨우쳐야 돼요. 근데 한 번 문신을 하고 싶다는 생각이 들면 그걸 바로 하게 돼요. 자제를 못 해요. 타투도 마약처럼 중독되잖아요. 타투도 한 번 하고 싶다는 생각이 들면 그냥 하게 돼요. 자기가 알아서 정신 차려야 돼요.

Q : 문신을 하려는 친구들 부모님에게 어떤 말을 해 주고 싶나요?

A : "선타투 후뚜맞"이라는 말이 있거든요. 나중에 부모님께 두드려 맞더라도 일단 타투를 하고 보자는 말이에요. 그거 부모님이 개입하면 더 하고 싶어지는 욕구 있잖아요. 제가 그렇거든요. 말리면 더 하고 싶어요. 미래를 생각하면 자기 알아서 그만하죠. 혼자 깨우쳐야죠.

○ 별들의 소리 ○

제법 큰 체격에 반달 같은 눈을 가진 현기는 고등학교 1학년이다. 현기에게는 왼쪽 귀 뒤에 조그만 문신이 하나 있다.

Q : 문신을 한 적이 있나요?

A : 얼마 전에 했어요. 한두 달쯤 전에. 인터넷에서 문신 사진을 봤어요. 눈꽃 모양 문신이었는데, 너무 예뻐 보이더라고요. 그래서 바로 예약해서 홍대 샵으로 가서 하게 됐어요. 사후관리를 해 줘야 하는 크림이 있어요. 에프터 케어 크림까지 해서 5만 원 정도 들었어요. 위낙 문신이 작아서 별로 안 들었어요.

가시랑 나뭇잎 잎사귀가 섞인 도안이 있더라고요. 그것을 팔에 하나 더 하고 싶어요. 20만 원 정도 든다고 하더라고요. 이제 용돈을 모으려고요.

인스타그램 오픈 채팅방에서 "이 도안은 이 정도 크기면 얼마 정도 할까요?" 하고 물어보면 얼마 정도 할 것 같다고 얘기를 해 줘요. 견적을 내 줘요.

Q : 문신을 할 때 마음은 어떠했나요?

A : 아플까봐 약간 쫄았는데, 저는 솔직히 생각보다 하나도 안 아 팠어요. 커터 칼로 살살 긁는 느낌이었고 별로 아프진 않았어요.

Q : 문신으로 부모님과 어떤 갈등을 겪었나요?

A : 엄마는 "이걸 왜 했냐? 미쳤냐?"고 했는데, 딱히 지금은 안 그래요. 그날 딱 한 번만 그런 말씀을 하셨어요.

Q : 문신을 해서 좋은 점이 있나요?

A : 좋은 점은 패션 쪽에서 보면 약간 예뻐 보일 수도 있고 포인 트도 줄 수도 있고 이쁘잖아요. 후회할 수 있어도 평생 남는 거니 까 신중해야 하겠지만 그래도 자기만족이니까.

안 좋은 점은 사람들이 "이걸 왜 했냐?"고 물어보기도 하고 조금 은 안 좋은 시선으로 보는 사람도 있잖아요. 특히 이레즈미 같은 깡패 문신은 사람들이 안 좋게 보죠. 제가 교회를 다니거든요. 교 회 다닐 때 가리고 다녀야 해요. 그래서 밴드를 붙이죠.

Q : 문신을 한 것에 대해 지금은 어떻게 생각하나요?

A : 딱히 안 좋은 생각도 없고 좋은 생각도 없어요. 그냥 자기만족이고, 하고 싶은 사람은 하는 거고, 하기 싫은 사람은 안 하는 거라고 생각해요.

Q : 부모님이나 선생님은 문신을 한 것에 대해 어떻게 생각하시나요?

A : 엄마랑 선생님은 "웬만하면 안 하는 게 좋지만 하고 싶다면 후회하지 않을 정도로 최대한 작게 하라"고 하세요. 아빠는 "네 인생이니까 네가 알아서 해라. 네 인생이니 네가 책임을 지고 행동하라"고 하세요.

Q : 문신을 한 나에게, 문신을 하고자 하는 친구들에게 어떤 말을 건네고 싶나요?

A : 이미 되돌릴 수 없는 일이니 후회하지 말라고 하고 싶어요. 자기만족으로 끝내면 되는 거니까요.

문신을 하려는 애들에게는 신중하게 고민해야 한다고 하고 싶어요. 특히, 이레즈미나 레터링 같은 문신은 진짜 신중하게 결정했으면 좋겠어요. 몸에 평생 남는 옷과 같은 것이기 때문에 정말 신중하게 했으면 좋겠어요.

아빠, 체험학습 시켜 줘

"아빠, 체험학습 시켜 줘."

긴 여름방학을 마치고 개학을 이틀 앞둔 8월 중순의 무더운 어느 날, 별이가 느닷없이 체험학습을 시켜 달라고 했다.

부모가 자녀를 동반하여 가족행사나 여행 등을 하기 위해 2주 내외의 기간을 결석으로 인정하지 않고 학습하는 가족동반 체험학습을 그냥 신청해 달라는 것이다.

"왜? 뭘 하려고?"

"친구 현주가 내일 보호관찰소에서 나와서 같이 놀려고."

"안 돼. 학교에 가는 게 무슨 장난이니? 네 마음대로 학교에 가고 안 가고 하게."

하지만 곧 내 말이 별 의미가 없음이 느껴졌다. 별이는 이미 결석을 밥 먹듯 하고 있었기 때문이다.

"그럼 무단결석하지 뭐."

별이와의 대화는 아빠의 판정패로 끝났고, 결국 가족동반 체험학습 5일을 신청했다. 별이는 중학교 3학년 여름방학을 자체적으로 1주일 연장해 친구와 신나게 '체험학습'을 하러 다녔다.

　별이의 중학교 시절은 휘황찬란했다. 중학교 2학년 때 두 달 동안 가출을 했던 것처럼 장기 가출을 하지는 않았지만, 결석 지각 조퇴는 밥 먹듯 했다. 등교하지 않는 별이를 집에 두고 학교로 출근하는 발걸음은 너무나 무거웠다.

　'내 아이 등교조차 못 시키면서 무슨 교육을 하고, 남의 아이를 가르친다는 거야?'

　가슴 저 깊은 곳에서 자괴감과 한숨이 몰려올 때는 나 자신이 한없이 작아지는 느낌이었다. 어느 날은 출근하던 길을 되돌아와서 자고 있는 아이를 깨워 전쟁을 치르기도 하였다. 이미 아침부터 등교하도록 설득하다가 실패했는데도 또다시 등교 권유를 시도했던 것이었다.

　"별아, 일어나거라. 학교에 가자."

　"싫어. 가기 싫다구. 몇 번을 말해."

　"안 돼. 오늘이 벌써 무단결석 4일째야. 이러면 담임선생님이 가정방문을 하셔. 일어나."

　누워 있는 아이의 이불을 빼앗으며 또다시 소리쳤다.

　"싫다구. 오늘은 안 간다니깐."

　한참을 실랑이 하다가 다시 포기하고 돌아서는 발걸음은 너무나 무거웠다. 마음속에서 뜨거운 화기가 치밀어 오르기도 하였다.

'지각하게 생겼네. 차라리 다시 돌아오지 말걸.'

유급을 하지 않고 결석을 할 수 있는 최대 일수는 출석일수 중 1/3이다. 보통의 학교에서 출석일수가 190일 이상이므로 최대 63일을 결석할 수 있다. 이것을 넘으면 진급하지 못 하게 된다. 그래서 결석이 많은 학생은 자신의 결석일수가 며칠인지를 세면서 결석한다. 자칫 잘못 계산하면 진급하지 못 해서 학년 친구들과 같이 졸업하지 못 하게 되기 때문이다.

여기에 14일 내외의 가족동반 체험학습이 더 있다. 부모가 자녀와 동행하면서 학습하겠다는 가족동반 체험학습 신청서를 제출하면 학교장이 허락해 주는 제도이다.

하지만 이것으로도 결석이 많아서 유급하는 학생들이 많아지자 교육부에서는 몇 년 전부터 학업중단숙려제를 신설하였다. 이혼 위기를 겪는 부부에게 법원에서 숙려의 기간을 두도록 권하는 것처럼 학업중단숙려제는 결석이 많아 학업 중단 위기에 처한 학생으로 하여금 상담을 받으면서 학업을 중단할지 고민해 보라고 정한 기간이다. 1주일에 한 번 상담을 받으면 일주일 출석을 인정해 주는 제도이며 7주간 학업중단숙려제를 할 수 있다.

별이는 무단결석이 점점 늘어가자 가족동반 체험학습을 시켜달라고 했던 것이다. 별이는 그 해에 63일의 무단결석과 14일간의 가족동반 체험학습과 7주간의 학업중단숙려제까지 모두 사용하였고 나머지는 지각과 조퇴로 채웠으니 놀랄 만하다. 별이가 제대로 학교에 간 날은 좀 과장하면 3일간의 수학여행과 졸업식이 전부였다.

그래도 "중학교는 졸업해야 하지 않겠느냐"고 수십 차례 설득을 해 다행히 그리고 간신히 중학교를 졸업하였다.

별이는 본인이 희망하는 대로 부천에 있는 고등학교의 미용과로 진학했다. 그러더니 고등학교 1학년 때는 반장을 하여 우리 가족 모두를 기쁘게 하였다.

"별아! 반장이 되었구나. 축하해. 어떻게 반장이 되었어?"

"애들이 아무도 하지 않는다기에 내가 손을 들었더니 반장이 됐어."

"어떻든 축하해! 살다 보니 별이가 반장을 하는 날도 있구나."

하지만 고등학교 생활이 순탄했던 것만은 아니었다. 멀리 떨어져 있는 나와 아내는 아침이면 늦잠을 자는 별이에게 전화를 걸어 깨우는 일이 일상이었다. 고등학교 3학년 때는 담임선생님이 나에게 주신 문자가 100통이 넘었다. 나는 별이가 일어나서 전화를 받을 때까지 전화를 해 깨웠다. 그래도 중학교 때보다는 학교에 가려는 의지가 있어서 중학생 때만큼 결석을 하지는 않았다. 별이는 우여곡절 끝에 고등학교 졸업장을 받았다.

존경하는 선배 교사이자 교육 동지 중에 임태규 선생님이 계신다. 사립학교에서 오랫동안 교사로 근무하시다가 대안학교 교장으로 근무하신 가슴 뜨거운 분이다.

20여 년 전 어느 날, 선생님께서 내게 이런 말씀을 하셨다.

"정 선생님, 제 고등학교 생활에서 가장 후회하는 것이 무엇인 지 아세요?"

"글쎄요. 고등학생 때 문제아셨나요?"

"제가 가장 후회하는 것은 가출을 안 해본 겁니다. 신문지 덮고 역전에서 쪽잠을 못 자 본 겁니다."

"네?"

"가출을 해보고, 역전에서 쪽잠을 자 보았다면 지금 우리 아이 들을 훨씬 더 잘 이해하고 공감할 수 있을 텐데, 그렇게 못 해본 것 이 정말 후회 돼요."

별이는 나보다 중고등학생 시절을 훨씬 폭넓고 다이내믹하게 살았다. 그래서 어쩌면 별이가 나보다 훨씬 품이 넓고 많은 사람 을 품에 안을 수 있지 않을까 한다.

인생을 살다보면, 삶의 길을 걸어가는 동안 얻은 경험 중에 버 려질 것이 아무것도 없음을 알게 될 때가 있다. 남들이 보기에 삐 뚤빼뚤해 보이지만 별이의 인생길과 그 길에서의 경험 하나하나 가 앞으로 살아가면서 누군가의 눈에 눈물을 닦아 주며 누군가와 함께 울어 주고 위로해 주는 데 귀하게 쓰일 것임을 나는 믿는다.

특성화 고등학교 2학년 인혁이는 대안학교에 위탁을 온 평범한 아이다. 학교에 가는 걸 무척 싫어했던 것을 빼고는. 그런 그도 철이 좀 들었나 보다.

Q : 무단결석이나 학업중단숙려제를 해본 적이 있나요?

A : 중학교 2, 3학년 합쳐서 100일 정도 무단결석을 했던 것 같아요. 3학년 때는 학업중단숙려제도 4주 했어요. 선생님께서 유급이 얼마 안 남았다고 말씀하시기에 학교 잘 다니겠다고 하고 수업이 끝나는 시간에 학교에 갔죠. 유급 안 당하려고요.

학교를 안 갈 때는 거의 집에서 잤죠. 게임을 하기도 하고요. 그날 저녁부터 다음 날 새벽까지 친구들하고 당구 치고 놀고 그러다가 들어와서 자고 학교 못 나가고 그런 날이 대부분이었죠.

Q : 무단결석할 때의 마음은 어떠했나요?

A : 홀가분한 것 같아요. 학생 신분에 붙잡혀 있지 않으니까요.

Q : 무단결석으로 인해 선생님이나 부모님과는 어떤 갈등이 있었나요?

A : 학교에 가야 할 시간에 깨우라고 연락하시는 선생님들이 싫었죠. 부모님이 깨워 주셔도 그냥 오늘 학교 안 간다고, 잘 거라고

했죠. 부모님하고도 많이 싸웠었죠. "학교를 도대체 왜 안 가는 거냐? 학생이면 기본적으로 학교에 가야 하는데 왜 안 가냐?"고 야단치셨죠.

Q : 지금은 어떻게 하고 있나요?

A : 지금은 중학교 때보다는 잘 다니죠. 중학교 때는 학교를 아무렇게나 다녀도 졸업은 할 수 있다고 생각했어요. 근데 고등학교는 아니잖아요. 퇴학이라는 제도도 있고, 고등학교는 의무교육 시스템이 아니니까. 고등학교 졸업장도 없이 내가 과연 무슨 일을 하며 살아갈까 생각을 해봤는데 답이 없는 거예요.

어디 가서 중졸이라고 하면 기업에서는 안 받아 주잖아요. 고등학교 졸업장이라도 따야 하지 않나 싶어서 대안학교에 와서 일단 학교에 잘 적응해 보려고 노력하고 있어요.

Q : 무단결석을 한 일에 대해 지금은 어떻게 생각하나요?

A : 중학생 때는 그냥 생각 없이 놀고 자고 그랬으니까 많이 후회하죠. 공부와는 거리가 멀잖아요. 근데 사실 저는 인생 성공의 지름길은 공부라고 생각하거든요. 어느 쪽 분야로 가든 그 분야에 공부해야죠. 그때 공부라도 했으면 좀 제가 원하는 고등학교를 진학할 수 있었을 텐데, 하는 후회가 돼요.

원하는 고등학교도 못 가고 그러니까 그게 좀 서러웠죠. "그때 공부를 해둘 걸. 1학년 때라도 좀 공부했으면 조금이라도 바뀌지 않았을까?" 하는 생각이 들어요. 그래서 고등학교 때는 정신 차리고 학업에 집중하려고요. 잘하고 싶어요.

Q : 가족들이 어떻게 도와주면 좋을까요?

A : 부모님은 자녀가 저녁에 나가는 걸 어떻게든 말리셔야 해요. 아니면 자식에 대한 믿음도 필요해요. 자식이 "밤에 나가도 내일 아침에 학교 일찍 갈 수 있다. 한 번만 믿어줘라." 이렇게 얘기했을 때 부모님이 믿어 주시고 그다음 날에 제가 진짜 제대로 가면 서로 이제 신뢰가 쌓이잖아요. 가족 간에 신뢰가 있어야 한다고 생각해요.

Q : 무단결석을 한 나에게, 부모님께 어떤 말씀을 드리고 싶나요?

A : 어머니에게 너무 죄송하죠. 어렸을 때부터 제 로망이 성공해서 어머니 아버지에게 좋은 거, 좋은 차, 좋은 집, 이런 거 해드리고 싶었는데, 지금 생각하면 너무 죄송해요.

Q : 무단결석을 하는 친구들에게 어떤 말을 건네고 싶나요?

A : "후회할 짓은 하지 마라. 이렇게 결석하다가 나중에 후회한다." 라고 말하고 싶어요. 이걸 되돌릴 수 없으니까요.

저는 성적이 낮아서 원하는 고등학교를 못 갔어요. 저처럼 고등학교 올라올 때 현실에 부딪혀 봐야 정신을 차릴 거예요. 어디에 취업을 한다고 해도 생활기록부는 기본으로 내잖아요. 생활기록부는 진짜 중요하다고 생각해요. 생기부에 무단결석이 많으면 진짜 후회할 거예요.

Q : 무단결석을 하는 친구들의 부모님에게 어떤 말씀을 드리고 싶나요?

A : 자기 자식이 학교 나가기 싫어할 수도 있는데, 동기가 뭔지 들어봐야 해요. 애가 학교에서 괴롭힘을 당하고 있는데 말을 안 할 수도 있고, 그냥 학교에 가는 게 귀찮아서 나가기 싫을 수도 있고, 여러 가지 이유가 있겠죠. 애들을 강제로 학교에 나가라고 하기보다 안 나가는 이유를 잘 듣고 그에 따른 처방을 해 줘야 해요.

○───── 별들의 소리 ─────○

야무지게 꼭 다문 입매에 '범생이'처럼 수수한 외모를 가진 여름이는 고등학교 자퇴생이다. 초등학생 때부터 쌓이던 결석이 고등학교에서는 결국 자퇴로 이어졌다.

Q : 무단결석을 해본 적이 있나요?

A : 중3 때부터 무단결석이 많아졌어요. 고1 때는 학교를 나간 적이 거의 없었고 나가도 바로 조퇴를 하거나 그냥 조퇴하러 학교

에 가기도 했어요. 애들이 저를 뚱뚱하다고 비웃는 것 같아서요. 애들이 저를 따돌렸어요. 그때는 누구하고도 눈을 마주치고 싶지 않았어요. 결석이 너무 많아 학업중단숙려제를 썼어요. 그냥 집에서 하루 종일 혼자서 울거나 자해하거나 이런, 좀 헛된 시간을 보냈어요.

부모님은 저에게 학교에 가서 수업에 안 들어가도 좋으니 조퇴증이라도 받자고 얘기를 하셨어요. 저는 그것도 싫다, 학교 가는 게 너무 싫다 얘기를 했었구요.

Q : 무단결석이 정신적, 신체적으로 어떤 어려움을 남겼나요?
A : 저는 저만의 시간을 가질 수 있어서는 굉장히 좋았는데, 혼자 있다 보니까 우울한 생각이 드는 건 어쩔 수가 없더라고요. 친구들은 다 체육대회를 하고 수학여행을 가고 하는데, 저 혼자 방에 있고 보면 좀 우울해졌어요.

부모님은 "다른 아이들은 다 학교에 가는데 왜 너만 그렇게 하냐? 다른 아이들은 평범하게 다니는데 왜 너만 그러냐?"고 하시며 혼을 내셔서 그때 갑자기 화가 나서 저도 부모님한테 많이 대들었어요.

피해망상증처럼 누가 갑자기 저를 욕하는 것처럼 들리고 다른 사람이 말하면 저를 말하는 건 아닌데 저를 말하는 것처럼 느껴지고 우울해지기도 하고 마음이 이상해졌어요. 여러 가지로 마음이 나뉘어져서 어떨 때는 기쁘고 어떨 때는 갑자기 울고 감정기복이 심해졌어요. 지금은 많이 좋아졌어요.

Q : 지금은 어떻게 하고 있나요?

A : 고2 때 자퇴하고 대안학교에 왔어요. 이곳에서는 제 의견을 들어 주려고 하는 사람이 많아요. 너무 좋아요. 제 의견이 훌륭하진 않더라도 제 의견이 뭔지 궁금해 하고 물어보고 질문하는 사람들이 굉장히 많아요. 조그만 관심도 저한테 매우 큰 힘이거든요.

Q : 무단결석을 했던 일에 대해 지금은 어떻게 생각하나요?

A : 그때 저에게는 그게 최선의 선택이라고 생각해요. 그래서 후회는 없는 것 같아요.

Q : 가족, 친구, 선생님 등 지인들이 어떻게 도와주면 좋을까요?

A : 격려해 주시는 거요. 사소한 일에도 잘했다고 칭찬받는 거, 그런 게 굉장히 중요할 것 같아요. 제가 우울증이 있으니 고민을 들어 주시고 상담해 주시는 것만으로도 되게 감사한 것 같아요. 제 이야기를 들어 주는 것만으로도 자존감을 높이는 데 도움이 되는 거니까. 요샌 자존감 없으면 다 안 되더라고요.

Q : 무단결석이나 학업중단숙려제를 시도했던 나에게, 부모님께 드릴 말씀이 있을까요?

A : "그 상황에서는 그게 최선의 선택이었을 거다. 이 선택이 틀

린 게 아니다. 그리고 네가 이곳이 아니어도 돌아갈 곳은 언제나 있다."라고 해 주고 싶어요.

저희 어머니는 저 때문에 일자리를 그만 두시고, 저를 위해서 희생해 주시고, 많은 돈을 들여서 이렇게까지 변화도록 해 주신 게 너무 감사해요.

Q : 무단결석을 하는 친구들에게, 친구들 부모님께는 어떤 말씀을 드리고 싶나요?

A : 친구들에게는 "미래를 생각해라. 미래를 생각해서라도 조금만 참으면 된다. 정말 학교를 다니고 싶지 않다면 자퇴하고 검정고시를 봐도 괜찮다. 뭐든지 내 선택에 달려 있고 자유가 주어져 있으니 그걸 잡는 데만 노력해라." 라는 말을 해 주고 싶어요.

친구들 부모님께는 그 아이가 왜 그랬는지 이유를 물어보고, 만약 이유도 말을 안 한다면 그 아이가 마음을 열 때까지 기다리거나 아니면 마음을 열게 도움을 주어야 해요. 아이를 이해해 주고 격려해 주는 게 중요해요.

이 지갑, 누구 거니?

"어머님, 별이가 친구 지갑을 가져간 것 같습니다."

별이 담임선생님으로부터 걸려온 전화에 아내는 가슴이 철렁 내려앉았다.

"네? 선생님! 그게 무슨 말씀이신지요?"

아내는 두근거리는 가슴을 누르고 되물었다.

"SNS에서 별이가 유명 메이커의 지갑을 샀다고 자랑했습니다. 그런데 그게 우리 반 친구가 이번 주에 분실한 것과 똑같습니다."

"네, 선생님…. 심려를 끼쳐 죄송합니다. 한번 확인해 보겠습니다."

아내는 기어들어가는 목소리로 겨우 전화를 끊었다.

담임선생님으로부터 오는 전화는 대부분 불편한 내용이다. 그래서 학부모들은 자녀의 담임선생님으로부터 전화가 올 때 자동으로 나오는 반응이나 질문이 있다.

"우리 아이가 뭘 잘못했나요?" 혹은 "우리 아이가 어디 다쳤나요?" 이런 일 외에는 담임선생님이 학부모에게 전화할 일은 별로 없다. 그러다 보니 자녀의 담임선생님에게 전화가 걸려오면 무슨 일인지 듣기도 전에 불편해지고 불안한 마음이 든다. 무소식이 희소식이라고 하듯 담임선생님으로부터 전화가 오지 않으면 아이가 큰 말썽 없이 학교에 잘 다니고 있다는 표시로 이해할 수 있다.

"별아, 이 지갑은 웬 거니?"

저녁에 별이가 가지고 있는 지갑을 보면서 물었다.

"내가 샀어."

"메이커라서 비쌀 텐데, 무슨 돈이 있어서 샀어?"

별이와 한참을 이야기하고 선생님으로부터 전화가 왔으며 보내주신 지갑 사진까지 보고서야 친구 거라고 했다.

견물생심見物生心이라고 했던가?

좋은 걸 보면 가지고 싶고, 유명 메이커의 지갑을 살 돈이 없었던 별이는 친구의 물건을 몰래 가져온 것이다. 그런데도 별 개념이 없었는지 SNS에 지갑을 샀다고 자랑까지 한 것이다. 너무 순진한 건가?

다음날 지갑을 돌려주기 위해 담임선생님을 만났다. 별이 편에 보내는 것보다 내가 해결하는 것이 좋겠다 싶기도 했고, 별이가 며칠째 학교에 가지 않고 있기도 해서였다.

"선생님, 죄송해요. 선생님 뵐 면목이 없네요. 지갑이 별이 친구

것이라고 하네요."

나는 별이가 가져온 지갑을 담임선생님께 돌려드렸다.

"아버님도 많이 놀라셨겠어요. 아이들은 많은 실수를 하면서 자라지요. 별이는 언제쯤 등교를 하려나요?"

"친구한테 미안한가 봐요. 곧 나가겠지요. 친구에게 미안해서 지갑에 돈을 좀 넣었어요."

"아버님 이렇게까지 하지는 않으셔도 돼요. 친구도 지갑을 찾은 것만으로 좋아하고 있어요."

선생님은 이렇게까지 하진 않아도 된다고 몇 번을 말씀하셨지만 지갑만 돌려주는 것은 예의가 아닌 것 같았다.

"아닙니다. 그 친구한테도 미안하고 이렇게 해야 제 마음이 편할 것 같아요."

"감사합니다. 아버님. 지갑은 친구에게 잘 돌려주겠습니다."

"고맙습니다. 선생님."

사실 초등학생이나 청소년기에 남의 물건을 훔치는 경우는 드물지 않다. 남의 물건은 아니더라도 부모님 지갑에서 몰래 용돈을 가져가거나 가족들이 모아놓은 돼지저금통을 뜯어 몰래 사용하는 경우는 우리 주위에서 흔히 볼 수 있는 일이다.

늘 정직하기만 하던 자녀가 남의 물건에 손을 댔다는 것은 부모에게는 큰 충격이 아닐 수 없다. 처음에는 '내가 잘못 키웠나?' 하는 생각이 들기도 하고, '앞으로 애가 어떻게 되려고 이러나' 하는 걱정이 앞선다. 마치 자신의 자녀교육이 모두 무너지는 듯한 느낌이 들기도 한다.

그러나 조금만 여유를 가지고 생각해 보면 자신도 어릴 때 남의 물건에 손을 댔던 경험이 있을 수 있고, 어릴 때 친구 중에서 그런 일을 저지른 사람도 있을 수 있다. 그들 중에 거의 모두가 건강한 어른으로 삶을 살고 있을 것이다.

유년기나 청소년기는 아직 자라는 시기이므로 합리적인 판단력이 떨어진다. 그래서 물건에 대해 당장 욕구를 억제하거나 조절하지 못 하고 남의 물건에 손을 대는 경우가 있다. 이러한 행동도 수년 동안 지속되는 습관으로 굳어지는 경우는 거의 없고 성장하면서 이성적 판단으로 자기 행동을 절제하고 조절할 수 있게 된다. 그러니 내 자녀가 남의 물건에 손을 댔다고 해서 부모가 너무 좌절하거나 분노하지 않기를 바란다. 담담하고 넉넉하게 상황을 대하면서도 잘못된 행동이었음을 알려 주는 것이 필요하다. 그래야 자녀에게 심각한 상처를 주지 않고 자녀가 크게 좌절하지 않고도 옳고 그름을 분별할 수 있는 사람으로 성장할 수 있다.

별들의 소리

고등학교 1학년 상혁이는 두툼한 입술로 고집이 좀 있어 보일 뿐 선한 눈매를 가진 아이다. 직접 이야기를 나누기 전까지는 오랫동안 소년원에 있었다는 사실이 믿기지 않았다.

Q : 남의 돈이나 물건을 훔쳐본 적이 있나요?

A : 어렸을 때는 담배를 훔쳤죠. 중학생 때는 오토바이 아니면 돈을 위주로 해서 절도를 했구요.

중학교 1학년 때 친구들 네 명이 같이 놀았는데, 항상 문을 제대로 안 닫는 가게가 하나 있었어요. 그 가게를 저희가 들어가서 돈을 다 털어 왔죠. 문 닫은 가게 문을 열고 카운터에서 돈을 다 훔쳤죠. 30, 40만 원 있었던 것 같아요. 친구들이랑 밥 먹고 담배 사고 그러다가 금방 다 쓴 것 같아요. 경찰이 가게 CCTV를 봤대요. 가게 CCTV에 네 명이 나오고 지문을 채취하고 이런 식으로 해서 다 걸리게 되죠.

Q : 도둑질이 정신적, 신체적으로 어떤 상처나 아픔을 남겼나요?

A : 중1 때는 여러 명이 했으니까, 특수절도로 보호처분 6호(아동복지시설 또는 시설감호위탁)를 받았어요. 시설 6개월 갔다 왔죠. 네 명이 서로 다른 시설에 흩어졌어요. 그 이후 무면허운전, 특수폭행 그런 걸로 8호를 받아 한 달간 소년원에 다녀왔죠. 또 서울소년분류심사원을 한 번 갔다 왔고, 9호를 받아서 단기 소년원 6개월을 다녀왔어요. 중학생 때는 학교를 많이 못 갔죠. 그런 일로 부모님이랑 자주 다퉜어요.

Q : 물건을 훔치는 것에 대해 지금은 어떻게 생각하나요?

A : 많이 반성하고 있죠. 솔직히 저 때문에 피해를 본 사람들이 한두 명이 아니니까요. 가게 업주들과 배달하시는 분들이 돈도 잃고 오토바이도 도둑맞았죠.

Q : 물건을 훔쳤던 나에게, 도둑질하려는 친구들에게 어떤 말을 건네고 싶나요?

A : "진짜 왜 그랬냐? 그러지 말고 정직하게 일해서 돈 벌자. 돈이 필요하면 정직하게 벌어서 써라."라고 얘기하고 싶어요.

Q : 도둑질한 친구들의 부모님에게 어떤 말씀을 드리고 싶나요?

A : 절도하는 애들은 거의 다 가출했거나 부모님께서 용돈을 덜 주셔서인데, 아이들에게 신경을 좀 더 써 주셨으면 좋겠어요. 절도하는 애들은 이미 맛을 한번 봤잖아요. 아무리 얘기를 해도 안 들을 거예요. 부모님이 해 주실 건 그냥 눈물로 호소하는 거, 그런 거밖에 없죠.

○── 별들의 소리 ──○

큰 체격에 왕방울만한 눈을 가진 승기는 고등학교 1학년이다. 그에게는 지우고 싶은 과거가 있다.

Q : 남의 돈이나 물건을 훔쳐본 적이 있나요?

A : 작년 여름에 초등학교 친구가 안산으로 이사를 했어요. 그 친구하고 연락이 닿아서 안산으로 놀러 갔는데, 거기 애들과 놀다 보니까 배가 고픈 거예요. 돈도 다 떨어졌고 해서 무인편의점을 털었어요. '가위바위보'를 해 제가 져서 저 혼자 털었어요. 다 같이 찜질방에서 간식 먹으면서 놀다가 CCTV 추적으로 잡혔어요.

저는 '초범이니까 큰 벌은 안 받겠지.' 하고 생각했었죠. 근데 오토바이 무면허운전하다 잡힌 것이 있어서 두 가지 합해서 재판을 받았는데, 소년보호처분 1호, 4호를 받았어요. 그래서 지금 단기보호관찰로 야간외출 금지명령이 떨어져 있어요. 3개월간 매일 어디 있는지 전화를 받아요.

Q : 도둑질이 정신적, 신체적으로 어떤 상처나 아픔을 남겼고 부모님과 어떤 갈등을 갖게 되었나요?

A : 일단 밤에 나가지 못 하고, 경찰서도 왔다 갔다 해야 하고, 재판도 받고 해서 부모님께 죄송한 마음도 들고 해서 좀 힘들긴 했어요. 석 달 전에 재판을 받았거든요. 부모님이 "왜 그랬냐?"고 하시면서 안 좋은 말씀도 하셨어요.

Q : 물건을 훔치는 것에 대해 지금은 어떻게 생각하나요?

A : 다시는 안 하고 싶어요. 그냥 충동적으로 했었어요. 다시 돌아가면 안 하고 싶어요. 이런 게 하나하나 쌓여서 크게 벌을 받는

거니까요.

Q : 가족, 친구, 선생님 등 지인들이 어떻게 도와주면 좋을까요?

A : 다시는 이런 일이 재발하지 않게 새벽에 나간다고 하면 말리고 또 무슨 일이 일어날 것 같으면 말리고 좀 해 줬으면 좋겠어요.

Q : 물건을 훔쳤던 나에게, 부모님께 어떤 말씀을 드리고 싶나요?

A : 다시는 이런 일이 재발하면 안 된다고 명심했으면 좋겠어요. 다시는 엄마가 경찰서 같이 가고 법원 같이 가고 그런 일 없도록 노력하겠다고 말씀드리고 싶어요.

Q : 절도 범죄를 저지르려고 하는 친구들에게 어떤 말을 해 주고 싶나요?

A : 친구들은 말려야죠. 왜냐하면 한 번 하게 되면 이게 좀 대담해져요. 다시 범죄를 저지를 때 안 걸리겠지, 하고 생각해요. 그런데 꼬리가 길면 밟힌다고 하잖아요. 걸리죠. 걸리면 모든 범죄를 병합해서 재판받게 돼요. 그래서 생각한 것보다 좀 크게 나오더라고요.

내 생각엔 아직 '촉법소년'이니까, 아직 미성년자니까 한 1호 정도 받고, 교육받고 말겠지, 라고 했어요. 그런데 소년보호관찰 4호를 받았어요.

여기는 경찰서입니다

"안녕하세요. 여기는 ○○경찰서 여성청소년계입니다. 별이 아버님 되세요?"

토요일 아침 아홉 시, 경찰서로부터 전화가 왔다.

"네, 그렇습니다."

"별이가 지금 경찰서에 있습니다. 경찰서로 오셔야 하겠습니다."

'드디어 찾았구나.'

안도의 긴 한숨이 흘러나왔다.

"네, 지금 가겠습니다."

중학교에 올라간 별이는 학교생활이 차츰 무너지기 시작했다. 처음에는 학교를 마친 후 점점 늦게 집에 들어오기 시작하더니 무단지각과 무단조퇴가 이어졌다. 2학기가 되어서는 걷잡을 수 없었다. 학교를 잘 다니지 않는 2학년 언니, 심지어 고등학교를 자퇴한 언니 오빠들과 어울리기 시작했고, 학교생활은 더욱 어려워졌다.

그해 가을 어느 금요일 오후, 아내와 텃밭에서 농사일을 하고 있는데, 학교에서 돌아온 별이가 오더니 급히 나가야 한다고 했다.

"누구랑 어디 가는데?"

"아는 사람들 하고 가. 몰라."

속시원한 대답도 없이 별이는 이미 큰길로 내려가고 있었다.

"저녁이 다 되었는데 지금 나간다고?"

"밑에서 사람들이 기다리고 있어. 멀리 안 가."

멀어져 가면서 내뱉는 별이의 대답을 들으며 알 수 없는 불안이 밀려왔다. 더 묻기에 별이는 이미 너무 멀어져 가고 있었다.

느낌이 좋지 않았다. 30분쯤 후에 전화했다.

"별아, 거기 어디니? 누구랑 있어?"

"초지대교가 보이는 곳이야. 아는 사람들이랑 있어."

"언제쯤 들어올 거니?"

"8시쯤 갈 거야."

전화가 뚝 끊겼다. 저녁을 먹고 8시가 되었음에도 별이는 집으로 돌아오지 않았다. 별이에게 전화를 했다.

"지금은 전화를 받을 수 없습니다. 나중에 다시 연락하여 주십시오."

별이의 목소리 대신 기계음이 들려왔다. 나와 아내는 가슴이 방망이질 치기 시작했다. 몇 번을 전화해도 들려오는 소리는 같았다. 결국 경찰서를 찾아가 가출신고를 하였다.

가출신고를 하면 금방 찾을 수 있을 줄 알았다. 현실은 전혀 달랐다. 통화가 되지 않으면 위치추적을 할 수 없고 통화가 되어 위치추적을 한다고 해도 인근 수백 미터가 통화가능구역이라고 볼 수 있다는 것이다.

그래도 통화가 된다면 설득도 하고 위치추적에도 도움이 되겠다 싶어서 경찰서에서도 몇 번을 전화했다. 그러나 들려오는 소리는 "지금은 전화를 받을 수 없다"는 기계음뿐이었다. 연락이 되지 않으니 경찰서에서도 도와 줄 방법이 없다고 했다.

"그럼, 초지대교가 보이는 지역의 모든 모텔을 확인해 주세요."

"그것은 어렵습니다. 따님이 모텔에 갔는지도 모르는 상황이고, 어디에 있는지도 모르는 상황에서 경찰이 모텔로 출동해서 확인할 수는 없습니다."

한 가닥 희망을 안고 찾아간 경찰서도 큰 도움이 되지 못 했다.

8시까지 돌아올 거라고 하며 나간 열네 살 딸아이가 11시가 되어 가는데도 돌아오지 않고 있었고, 전화 통화도 되지 않은 상황이었다. 아내와 나는 어찌할 바를 몰랐다. 속이 타들어 갔다. 별이에게 닥칠 수 있는 온갖 비극적인 상상으로 눈물이 쏟아졌다.

경찰이 도와줄 방법이 없다고 하니 우리가 직접 할 수밖에 없었다. 아내와 나는 초지대교가 보이는 곳의 모텔 카운터 직원에게 오늘 청소년들이 들어간 적이 있는지 물었다.

"오늘 청소년이 들어온 적은 없습니다. 보호자와 동반하지 않으면 청소년들이 들어올 수는 없습니다."

카운터의 직원은 퉁명스럽고 단호한 목소리로 대답했다. 초지대교 주변의 모텔들을 전부 찾아가서 물었으나 대답은 마찬가지였다. 그렇다고 발길을 돌릴 수는 없었다.

나와 아내는 그중 초지대교가 가장 잘 보이는 모텔 담장 밖에서 잠복하였다. 아무래도 그곳에 별이가 있는 것만 같았다. 12시가 지나면서 가끔 모텔에서 나오는 손님들이 있었다. 한밤중에 담장 밖에서 모텔 현관 밖으로 나오는 손님이 누구인지를 정확히 식별하기는 어려웠다. 별이와 덩치가 비슷한 사람이 차량에 탄다 싶으면 모텔을 나오는 차를 막고 창문을 두드렸다.

"별아, 차 안에 별이 있니? 별아!"

창문을 두드리는 우리의 손짓은 절규였다. 마치 공양미 삼백 석에 팔려가는 심청이를 맨발로 찾아가는 봉사 심학규의 몸짓과도 같았다.

"청아, 청아, 어디 있느냐?"

내 딸이 이 차에 타고 어딘가로 끌려가고 있는 것만 같았다. 창피도 위험도 생각나지 않았다. 오로지 별이를 찾기만 한다면 그것으로 모든 것을 감수할 수 있었다. 모텔을 나온 차량 운전자는 잠깐 문을 여는 듯했다간 그냥 액셀레이터를 밟으며 사라져 갔다. 그러고 나면 더욱 마음이 안타까웠다.

'더 적극적으로 문을 열어볼걸. 저 차에 별이가 타고 있을지도 모르는데….'

그렇게 새벽 내내 모텔 앞에서 차들을 세워 물었지만 별이를 찾을 수는 없었다. 동쪽 하늘이 뿌옇게 밝아오기 시작했다. 그리고 아내와 나는 허탈함과 걱정스러운 마음을 안고 집으로 돌아올 수밖에 없었다.

그리고… 다음 날 아침 9시. 경찰서에서 전화가 왔다. 별이가 경찰서에 있다고.

'휴~. 다행이다.'

별이는 어울려 다니던 아이들과 술자리에 있었고, 미성년자들이 술을 구입해 가는 것을 보고 이상하게 여긴 누군가가 경찰에 신고를 했던 것이다.

다행히 별이는 별일 없이 안전하게 집으로 돌아오게 되었다. 학교에 가기 싫고, 친구들과 어울리고 싶어서 집에 들어오지 않은 것이다. 그날 밤이 그토록 길었던 것은 자식을 걱정하는 부모의 마음이 그만큼 깊었기 때문이다.

사춘기 청소년의 변화와 성장은 마치 애벌레가 누에고치 속에서 잠시 몸을 움츠리고 있다가 나비로 탈태하는 것과 같은 '완전한 외형적 변이'라고 할 수 있다. 아이였던 삶에서 청소년기를 거치면서 몸과 마음이 성인으로 바뀌는 것이다.

그리고 완전한 변이 과정에서 청소년들은 어른들이 전혀 예측하지 못한 위험천만한 일을 저지르기도 한다. 어른들은 청소년들이 위험한 행동을 하는 데는 나름의 합리적인 이유가 있을 것이라고 생각하지만 실제로는 전혀 합리적인 이유를 찾을 수 없는 경우도 많다.

이러한 위험한 행동은 청소년의 뇌와 관련이 있다. 뇌의 전두엽 중에서 두뇌 앞 부분에 위치한 전전두엽피질은 자신을 인식하고 행동을 계획하며 불필요한 행동을 억제하면서 감정억제와 대인관계, 문제해결과 실행 등 고등정신작용을 관장한다. 청소년기에는 뇌의 전두엽(이마엽)이 미완성 상태이다. 그래서 청소년들은 전혀 예측하지 못하는 위험천만한 행동을 하고 분노를 즉각적으로 표출하기도 하며 좋은 감정과 나쁜 감정을 잘 판단하지 못 하는 경우도 있다.

별이는 이제 10대를 지나고 20대의 문 앞에 있다. 별이도 뇌의 전두엽이 완성되어 가는 완전한 변이를 겪고 있다. 애벌레처럼 꼬물거리던 어린아이 시절에서 이제 나비가 되는 전혀 새로운 삶을 기대해 본다. 우리 딸이 나비처럼 이 세상을 훨훨 나는 모습은 상상만 해도 기쁘다.

별들의 소리

선희는 오랫동안 운동을 하면서 다져진 다부진 체격을 가진 고등학교 1학년생이었다. 엄마와 함께 살고 있는 선희는 중학생 시절 방황을 하면서 운동을 그만 두었고, 잦은 폭력행위를 자행하곤 하던 아이였다.

Q : 문제 행동으로 인해 경찰서나 가정법원에 가본 적이 있나요?

A : 저는 어렸을 때부터 태권도를 했어요. 태권도를 하다 보니 친구들이랑 만나고 놀 시간이 없었어요. 그러다가 중학교 올라가서 친구들이랑 몇 번 어울리다 보니까 이게 너무 재밌고 좋은 거예요. 운동이 잘 될 때도 있지만 안 될 때도 있잖아요. 중2 때 운동에 슬럼프가 왔어요. 너무 힘들고 놀고 싶어서 아프다고 거짓말을 하고 하루를 빼먹었어요. 그러다가 운동을 그만 두고 놀기만 했어요. 운동을 그만 두면서 담배도 피우고 술도 먹고 집도 안 들어가고 오토바이 뒤에도 타 보고 해볼 만한 건 다 해본 것 같아요.

제가 그때 경찰서에 가는 일이 좀 많았어요. 마음에 안 들면 때리고, 기분 나쁘면 거친 말을 하고 싸움을 하곤 했어요. 때리는 게 스트레스가 풀렸던 것 같아요. 폭행이랑 사기 그리고 특수폭행으로 지방법원까지 갔어요. 작년에 아는 언니를 때렸어요. 목에 금이 갔다고 하더라고요. 소년재판부에서는 소년보호처분 5호(장기보호관찰)를 받았어요. 재심을 받아야 하는데 지방재판은 아직 안 나왔어요.

Q : 경찰서나 가정법원에 가게 되었을 때 마음은 어떠했나요?

A : 처음에는 기분이 괜찮았거든요. 근데 시간이 지나니까 죄책감이 몰려왔어요. 언니랑 언니네 부모님께 너무 미안하고 좀 힘들

었어요.

Q : 경찰서나 가정법원 출입이 어떤 상처나 아픔을 남겼고 부모님과 어떤 갈등을 갖게 되었나요?

A : 엄마가 너무 힘들어 하시고 제 앞에서 속상해 하는 걸 보니까 마음이 아팠고요. 탄원서라는 게 필요했거든요. 근데 이모네 가족들이 탄원서를 안 써 준다고 해서 탄원서를 못 받았어요. 원래 관계가 좋았는데, 이제 제가 사고치고 다니니까요. 이 일로 엄마가 이모들과 사이가 멀어졌어요.

엄마는 제가 운동하는 걸 좋아했거든요. 그런데 제가 운동도 그만 두었어요. 그러다 보니까 엄마가 일을 해야 하는데, 일을 가면 경찰서에서 전화 오고 제가 밤에 늦게 들어오고 새벽에 들어오고 술 먹고 들어오고 그러니까 엄마가 화가 많이 나서 저를 때렸었거든요. 한 번은 제가 그걸 아동학대로 신고했어요. 그래서 엄마가 재판받았어요. 그때 엄마가 무척 힘들어 했어요. 제가 방황하고 다닐 때 너무 사이가 틀어지고 믿음이 아예 없었어요. 서로한테 그냥 얼굴만 봐도 싫고 그런 거 있잖아요.

Q : 지금은 어떻게 하고 있나요?

A : 중학교 3학년 겨울방학쯤에 정신을 차려서 다시 운동을 시작했어요. 지금은 결석도 하지 않고 학교 잘 다니고 있고 그렇게 변해가고 있어요.

지금은 엄마와 관계도 괜찮아졌어요. 중3 때 폭행한 것 많이 반성하고 있어요. 운동을 그만 두고 놀았던 게 제일 후회가 돼요. 운동을 계속했으면 이런 일이 없었을 텐데, 하고 생각해요.

Q : 가족들이 어떻게 도와주면 좋을까요?

A : 일단 엄마가 하지 말라고 하면 더 하고 싶었거든요. 근데 엄마가 아무 신경도 안 쓰는 게 되게 무서운 거잖아요. 그래서 그때 딱 느꼈어요. '엄마가 나한테 이제 신경을 안 쓰네!' 이러면서 좀 바뀌기 시작했던 것 같아요.

Q : 경찰서나 가정법원에 다녀온 나에게, 부모님께 어떤 말씀을 드리고 싶나요?

A : 앞으로는 제가 이렇게 안 살았으면 좋겠어요.

엄마가 그때 잡아 주지 않았더라면 제가 아직도 놀면서 사고를 치고 다니지 않았을까? 하고 생각해요. 엄마에게 감사한 것 같아요. 엄마가 제 마음을 계속해서 알아 주려고 노력했고요. 힘들다고 하면 "뭐가 힘든데?" 물어보고 제 이야기를 많이 들어 줬던 것 같아요. 그냥 친구처럼 대해 줬어요.

Q : 경찰서나 가정법원을 다녀온 친구들과 친구들 부모님에게 어떤 말씀을 드리고 싶나요?

A : 그때는 너무 화가 나서 생각도 안 하고 그런 걸 몸으로 표현

하는 거잖아요. 한 번 더 생각하고 표현했으면 좋겠어요.

부모님들은 처음에는 바로 잡으려고 노력하되 너무 애를 잡아 세우려고 하면 더 방황하고 집에 안 들어와요. 천천히 시간이 좀 걸려도 옆에서 기다려 주고 잘 타일러 주면 어느 순간 바뀐다고 말해 주고 싶어요.

○   별들의 소리   ○

산전수전 공중전까지 다 겪은 영호. 19세의 영호는 며칠 후면 가정법원에서 재판을 받게 된다. 지난달에 금은방을 털었기 때문 이다. 착잡한 심정의 영호가 마음을 열어 주었다.

Q : 문제 행동으로 인해 경찰서나 가정법원에 가본 적이 있나 요?

A : 지난해는 도박으로 경찰서에 간 적이 있어요. 거의 도박중 독이어서 경찰서에 갔다가 정신병원에 들어갔고 그곳에서 2주 정 도 있었어요.

한 달 전에는 친구들과 금은방을 털었어요. 주인이 화장실로 들 어가신 거예요. 저희는 그것을 보고 자기가 훔친 이력이 있다고 말한 친구한테 지금이 기회 아니냐고 하며 털었죠. 그런데 CCTV 에 찍혀서 다 잡혔어요. 경찰서에 갔다가 가정법원에 가게 되었어요. 당장 돈이 필요했어요. 잡힐 거로 생각했지만 당장 갚아야 할 돈이 필요했고 친구가 시키기도 해서 금은방을 털었어요.

Q : 물건을 훔칠 때 어떤 마음이었나요?

A : 그냥 돈이 생긴다는 게 좋기도 했는데 그냥 떨리기도 하고 무서웠죠. 나중에는 잘못되면 어쩌지 하고 무서웠어요.

Q : 경찰서나 가정법원 출입이 어떤 상처나 아픔을 남겼고 부모님과 어떤 갈등을 갖게 되었나요?

A : 작년에는 부모님이 도박빚 수천만 원을 갚아 주셨어요. 이번에는 금은방 털어서 부모님이 경찰서에 오셨지요. 엄마가 경찰서에서 우셨어요. 부모님께 너무 죄송해요. 너무 많은 일을 저질러 많이 혼내지는 않았지만 제게 실망을 많이 하신 것 같아요.

Q : 경찰서나 가정법원에 갔던 사건에 대해 지금은 어떻게 생각하나요?

A : 다시 생각해 보면 인생에서 제일 후회되는 일이죠. 되돌릴 수 없는 일이지만 그래도 시간을 되돌릴 수 있다면 절대 하지 않았을 그런 짓들인 것 같아요. 정말 왜 그랬을까, 하고 이해도 안 되고, 진짜 후회가 제일 많이 남는 짓이었던 것 같아요. 엄마 아빠에게 피해를 준 것도 후회돼요. 돈도 많이 물어 주었죠.

Q : 가족, 친구, 선생님 등 지인들이 어떻게 도와주면 좋을까요?

A : 빨리 빚을 갚고 싶어요. 아직도 300만 원 정도 빚이 있어요. 도박하다 생긴 빚인데 어떻게 해야 할지 모르겠어요.

Q : 경찰서나 가정법원에 가야 하는 나에게 어떤 말을 하고 싶나요?

A : "이제 사고치지 말자. 앞으로 살면서 범죄는 저지르지 말자. 정말 정신 차리자. 성실하게 알바해서 빚을 갚자." 이런 말이 하고 싶네요. 안 좋은 기억이지만 저도 잊고 싶지만 있었던 일이니까. 그거를 발판 삼아서 앞으로 삶의 방향을 잘 잡아나가고 싶어요. 앞으로 잘 살아야죠.

Q : 부모님에게 어떤 말을 드리고 싶나요?

A : 저는 사실 어렸을 때 가족이랑 추억이 없어요. 왜냐하면 일찍부터 부모님이 서로 사이가 안 좋으셔서 저도 부모님이랑 사이가 어색하고 누나와도 사이가 별로여서 어색하고 가족이랑 별로 친하지가 않는데, 그 와중에 또 사고도 치고 했었으니까. 이제는 좋은 추억이 남게끔 더 좋은 기억들을 만들고 싶어요.

제가 저지른 일이니 일해서 다 갚아드려야죠. 제가 쓴 게 총 5천만 원이 넘어요. 이번에는 금은방에 물어 주기도 하고, 전에도 제가 빌린 돈 갚느라고 돈을 많이 쓰셨어요. 부모님께 정말 죄송해요.

Q : 경찰서나 가정법원을 다녀온 친구들에게 어떤 말을 해 주고 싶나요?

A : 어쨌든 나중에 보면 다 후회할 일들이니까, 저는 그 친구들한테 "다시 한 번 더 생각해 보라고 하고 싶고, 그렇게 하는 것은 아닌 것 같으니 처음부터 잘 해라. 한번 잘못하면 돌이키기 어렵다."라고 말하고 싶어요.

PART 2

사춘기,
별이 하늘에서
비추다

흔들리며 피는 꽃 - 도종환

흔들리지 않고 피는 꽃이 어디 있으랴
이 세상 그 어떤 아름다운 꽃들도
다 흔들리면서 피었나니
흔들리면서 줄기를 곧게 세웠나니
흔들리지 않고 가는 사랑이 어디 있으랴

젖지 않고 피는 꽃이 어디 있으랴
이 세상 그 어떤 빛나는 꽃들도
다 젖으며 젖으며 피었나니
바람과 비에 젖으며 꽃잎 따뜻하게 피웠나니
젖지 않고 가는 삶이 어디 있으랴

나는 중학교 교장으로 8년을 근무했다. 교장으로 발령받은 첫 학교에서 4년 동안 500여 명의 학생이 졸업했는데, 매년 졸업식 날이 되면 모든 졸업생에게 편지를 한 통씩 전달했다.

120~130여 명의 학생들에게 각각 다른 편지를 쓰는 일은 쉽지 않았다. 겨울방학은 졸업생들에게 편지 쓰는 일로 보내는 날이 많았다. 그리고 학교생활을 가장 찬란하게 보낸 몇 명의 학생들에게 쓰는 편지에는 빠지지 않고 쓰는 글귀가 있었다. 바로 '흔들리며 피는 꽃'이다.

바람에 흔들리면서도 꽃나무가 결국 꽃을 피우듯이 아이들의 찬란한 사춘기 방황도 지나고 나면 결국 인생의 꽃을 피우는 과정이라고 격려해 주고 싶었다. 지금은 바람에 흔들리고 비에 젖은 나무 같지만 '흔들리지 않고 가는 사랑이 어디 있으며 젖지 않고 가는 삶이 어디 있겠니! 그러니 너무 염려하지 말고 고등학교에서는 새롭게 시작하렴.' 하고 격려하였다.

나는 이 중 찬란한 사춘기 방황을 하는 몇몇 녀석들에게 삶에 대해 진지하게 고민할 기회를 주고 싶었다. 삶이 얼마나 소중하며 생명이 얼마나 귀한 것인지를 알려면 죽음을 마주 대하게 하는 것이라고 생각했다. 그래서 졸업을 앞둔 이 녀석들을 데리고 안산의 〈4.16 단원고 기억 교실〉을 두 번 찾아갔다.

〈4.16 단원고 기억 교실.〉

갈 때마다 주체할 수 없는 눈물로 교실 한 칸 한 칸을 돌아보아야 하는 곳. 세월호 침몰로 사망, 실종된 단원고 학생과 교사 261명의 기억이 저장된 공간. 이곳에서 녀석들이 자신을 귀하게 여기고 삶을 돌아보게 하고 싶었다.

녀석들이 어떤 깨달음을 얻었는지는 알 수 없다. 몇 년이 지난 지금쯤은 꽃을 피우고 열매를 준비하는 삶이길 기대해 본다.

별아, 집에 가자

별이의 친구관계는 여느 중학생들과 달랐다. 보통은 학교나 학원 등 가까운 곳에서 만나 친해지는데, 별이는 온라인에서 만난 친구들과 가까이 지냈다. 그러다보니 친구들의 폭이 넓고 생소한 지역의 아이들과 친해지게 되었고, 중학교 1학년 때부터 수도권의 다양한 지역 친구를 사귀면서 외박하는 경우가 생기기 시작했다. 그러던 별이가 중학교 2학년 여름방학 때 집을 나가서 개학을 해서도 들어올 기미를 보이지 않았다. 부천에 사는 친구 집에 얹혀살고 있었던 것이다.

"별아, 개학을 하는데 집에 안 올 거니?"

"편의점 알바를 시작해서 집에 못 가."

가슴이 꽉 막혀 왔다. 심호흡을 하고 나서 별이에게 말했다.

"그래도 학교는 다녀야 할 것 아니니."

"그래도 지금은 못 가."

개학이 다가오는데 집에 오지 않겠다니 난감한 노릇이었다.

나는 무척이나 걱정이 되었다. 여름방학 때야 친구가 있어서 그나마 다행이지만 방학이 끝나 친구가 등교하면 별이 혼자 낮 시간 동안 그 집에 있게 되기 때문이다. 그 집에는 친구 아버지, 어머니가 함께 생활하고 있었다.

우리는 무엇보다 별이의 안전이 걱정되었다. 그래서 이틀이 멀다 하고 전화를 걸었다.

"별아, 아빠가 네가 있는 집에 방문해서 친구 부모님을 만나야겠다."

"안 돼, 그러면 이 집을 나갈 거야."

"아빠가 걱정되어서 그래."

"그래도 집에 오는 것은 안 돼."

"그러면 네가 잘 있는지 얼굴이라도 보자."

개학 후 한 달이 지나자 걱정이 더욱 커졌다. 집에 들어올 마음이 없었던 별이를 겨우 설득해 잠깐이라도 만나기로 했다.

부천역에서 잠깐 만난 별이는 학교 밖에서 방황하는 청소년의 모습 그대로였다. 머리는 노랗게 물들이고 얼굴에서는 나를 이방인 대하듯 웃음기가 없었다.

"밥은 먹고 다니니?"

"응."

"친구 집에서 살기는 괜찮아?"

"응."

짧은 대답이었다.

"별아, 집에 가자."

"안 돼, 돈 벌어야 해."

별이는 부천역전의 편의점에서 알바를 하고 있었다. 그것도 모든 이들이 꺼리는 저녁 8시부터 아침 6시까지 밤새 편의점을 지키는 알바였다. 밤에 하는 알바가 시급이 좀 더 높기 때문이었다. 술에 취한 아저씨도 오고, 여자아이라고 우습게 여기고 찝쩍대는 이들도 있을 텐데 별이는 그곳에서 두 달을 버텼다. 그동안 나와 아내는 두세 차례 별이를 만나러 부천에 갔고 추석이 지나서야 별이는 집으로 돌아왔다.

아이는 태어나서 가장 먼저 엄마와 애착 관계를 형성한다. 엄마의 배 속에서 열 달을 자랐으니 가장 먼저 엄마와 깊은 관계를 맺는 것은 당연하다. 그 후 아빠와의 관계, 그리고 형제자매와의 관계로 넓혀지면서 집안의 가족들에게 인정을 받는다. 청소년기가 되면 친구관계로 인간관계의 범위가 넓혀진다. 청소년기의 인간관계는 집안의 가족관계에서 집 밖의 친구관계로 확장되는 시기이다.

요즘은 인터넷의 발달로 인터넷 이전 시대와는 전혀 다른 인간관계를 형성하게 되었다. 예전에는 대면으로만 만나서 친구관계를 형성하게 되었으나 요즘은 전혀 만나지 못 한 친구들과도 지구상의 어느 누구와도 채팅을 통해 알게 되면서 친구관계를 만들어 가고 있다. 친구관계가 기성세대와 전혀 다르게 형성되는 것이다. 이러다 보니 청소년들이 오늘은 이 도시에 가서 채팅으로 알게 된 친구와 만나고 내일은 저 도시에 가서 새로운 친구를 만나고 사귈 수도 있다.

하지만 집을 나간 자식을 기다리는 것은 부모로서 참 힘든 일이다. 자식이 어리고 특히, 딸일 때는 더욱 큰 걱정을 하게 될 수밖에 없다.

별이가 집을 나갈 때마다 이번이 별이를 보는 마지막이 될 수도 있다는 불안감에 휩싸이곤 했다. 자신의 의지가 아닌 누군가에 의해 영영 집으로 돌아올 수 없는 상황을 맞은 이들이 얼마나 많겠는가? 악한 이들에게 붙잡혀 빚더미에 앉고 그 빚을 갚기 위해 인신매매처럼 붙잡혀 지내야만 하는 이들이 영화에만 있는 상황이 아니라면 그것은 우리 딸에게도 일어날 수가 있기 때문이다.

그래서 집에 돌아오기만 해도 늘 고맙고 감사했다. 별이가 집을 나가서 어떤 어려움과 말 못 할 일을 겪었는지 캐묻지 않았다. 별이가 겪은 일을 안다고 한들 지금 내가 해 줄 수 있는 일은 그리 많지 않기 때문이다. 그 숱한 고생을 할 때 문득 집에 오고 싶은 마음이 든다면 그것으로 다행이고 감사한 일이었다. 돌아오면 아내는 잔치를 하듯 별이가 좋아하는 맛있는 식사를 준비하기도 하고 오랜만에 외식을 하기도 했다.

성경에 나오는 '돌아온 탕자'를 기다리는 아버지의 노심초사하는 마음이 딱 우리의 마음이다.

둘째 아들인 탕자는 아버지로부터 물려받은 재산을 모두 가지고 먼 나라에 가서 허랑방탕하여 허비하고 난 후 거지처럼 어렵게 지내다가 아버지 집으로 돌아온다. 아버지는 날마다 동구밖 언덕 위에 올라가 산 너머를 향해 시선을 둔 채 아들이 돌아오지는 않는지 살핀다. 그러던 어느 날 저 먼 곳에서 남루한 차림의 옷을 입고 오는 아들을 아버지는 단번에 알아본다. 아직도 거리가 먼데 아버지가 그를 보고 측은히 여겨 달려가 목을 안고 입을 맞춘다. 좋은 옷을 입히고 손에 가락지를 끼우고 살진 송아지를 잡아서 잔치를 베풀며 이렇게 말한다.

"우리가 먹고 즐기자. 이 내 아들은 죽었다가 다시 살아났으며 내가 잃었다가 다시 얻었노라."

이것이 부모의 마음이다. 자녀가 가출을 하면 부모는 처음에는 속상하고 자녀에 대해 화가 나기도 한다. 한번 실컷 고생하고 다시는 이런 일이 반복되지 않기를 바라는 마음도 있다. 그러나 부모가 예상하는 시간이 지나면 걱정이 되고 안전하게 사는지 염려가 된다. 날마다 자녀가 안전하게 오기 만을 기도하며 기다린다. 그 애타는 기다림 끝에 자녀가 돌아오면 속상했던 모든 일은 잊고 기쁨의 잔치를 베푼다. 내 자식은 죽었다가 다시 살아났으며 내가 잃었다가 다시 얻었으니까.

○ ___ 별들의 소리 ___ ○

동그란 얼굴에 진한 쌍꺼풀의 연주는 특성화고등학교 1학년이다. 얼굴과는 달리 많은 굴곡진 삶을 살았다.

Q : 가출을 해본 적이 있나요?

A : 맨 처음에 시작한 게 중2 때 여름이에요. 1주일 만에 들어온 것 같아요. 중학교에 올라가면서 저 혼자만 다른 중학교로 가게 되었어요. 그냥 학교가 싫고 가기 싫으니까 무단결석과 무단지각이 쌓였어요. 엄마가 왜 안 가는지 제발 이유 좀 말 해달라고 해서, 그때 엄마한테 "친구도 별로 없고 친구들이랑 관계가 안 좋았다. 학교 다니기 힘들다"고 했어요. 엄마는 "별것도 아닌 걸 가지고 뭐가 그렇게 힘드냐?"고 하시며, "너 왜 그러고 사냐?" 이런 식으로 말씀하시며 좀 때리기도 하셨어요. 그때 맞으면서 내가 왜 내 편이 아무도 없는 곳에 있어야 되지 싶어서 집을 나왔어요.

집을 나와서는 무인 세탁소나 스터디카페 같은 데에서 자거나 그냥 앉아 있고 휴대폰도 친구가 유심을 빼 놔야 위치 추적이 안 된다고 해서 휴대폰도 못 하고 하루 종일 돌아다녔어요.

Q : 가출 후 어떻게 생활하였나요?

A : 그 후로는 2학년부터 3학년 말까지 집에 가서 필요한 옷 같은 것만 들고 다시 나가고, 그런 게 계속 반복돼서 거의 집에 잘 안 있었어요.

가출한 애들은 돈이 없으니까 무조건 돈을 벌어야 하는데, 안정적인 곳에서는 알바하기 힘들어요. 밖에 계속 있어야 되니까 안정적인 일은 못 하고 누구의 손을 빌리든가 아니면 불법적으로 하는 일밖에 없어요. 처음에는 그냥 친한 오빠 집에서 지내고 돌아다니고 했는데, 그 사람들한테도 버림받기 싫으면 다른 불법적인 일들도 하게 되더라구요.

Q : 가출 했을 때 마음은 어떠했나요?

A : 뭔가 하나도 내편이 없는 것 같고 되게 외롭고 쓸쓸하고 진짜 믿을 사람이 하나도 없는 느낌이 들어요.

Q : 가출로 인해 부모님과는 어떤 갈등을 갖게 되었나요?

A : 부모님이 제 말을 안 믿어 주시고요. 어색해졌어요. 사실 한 달 동안 가출하고 집에 들어갔을 때, 부모님 얼굴을 봤을 때 '부모님 얼굴이 이렇게 생겼었나?' 할 정도로 부모님 얼굴을 까먹고 잊었어요.

부모님이 포기한 듯이 말할 때, "그럴 거면 그냥 나가서 살아라. 그럴 거면 그냥 자퇴해. 어차피 네가 어떻게 하든 난 상관없잖아." 이런 식으로 약간 방치됐다는 느낌이 들 때가 속상했어요.

Q : 지금은 어떻게 하고 있나요?

A : 옛날에 정신병원을 한번 입원했었어요. 그때 병원에 있던 환자들이 "항상 자기는 버림받았다"는 말들을 하시는 거예요. 어떤 조현병이 있으신 분이 계셨는데, 평소에는 진짜 평범한 분이셨

거든요. 마지막에 퇴원할 때 그분이 제게 "너무 예쁘고 사랑만 받아도 벅찬 나이인데 왜 이런 데까지 왔느냐?"고 하시며 그냥 사랑 많이 받고 자라라고 말씀하셨어요.

그때가 정신병원 3일째였어요. 그때 안 나가면 뭔가 진짜 버려질 것 같다는 느낌이 들어서 아빠에게 다시 가출을 안 하겠다면서 꺼내달라고 했어요. 그때부터 마음을 먹고 가출 안 하려고 했어요. 시간이 지나니까 약간 철이 든 것 같아요.

맨 처음에는 버려졌다는 느낌만 계속 드니까 나는 쓸모없는 애구나. 그냥 이 세상에서 없어져도 아무도 모르겠구나, 생각했어요. 그런데 반대로 생각해서 내가 더 멋지게 살면 엄마가 나한테 "네가 앞으로 잘 살 수 있겠냐? 너 같은 게 뭘 할 수 있겠냐?"라고 했던 말들을 뒤집을 수 있지 않을까, 하는 생각에 약간 복수한다는 느낌으로 오히려 더 잘 살아보자고 생각했어요.

Q : 가출을 시도했던 일에 대해 지금은 어떻게 생각하나요?
A : 처음에는 되게 시간이 아깝다. 너무 후회된다고 생각했어요. 가출을 하면 나에게 많은 안 좋은 일들이 생기니까, 그런 것 때문에 내가 되게 불쌍하다는 느낌을 많이 받았어요. 그런데 만약 그 당시에 집을 안 나왔었더라면 나름의 휴식이 없었을 것 같아서 지금은 저한테 나름의 휴식이 된 것 같아요. 물론 아빠, 엄마한테는 죄송하죠.

Q : 가족, 친구, 선생님 등 지인들이 어떻게 도와주면 좋을까요?

A : 남한테 피해를 안 주는 선에서 하는 방황이라면, 그래도 선생님들이 애를 못 믿겠는 건 알겠지만, 말이라도 "그냥 널 믿는다. 잘할 수 있다."라고 계속 말을 해 주면 언젠가는 그 친구도 방황을 끝내지 않을까 싶어요.

Q : 가출을 시도했던 나 자신에게, 부모님께 어떤 말씀을 드리고 싶나요?

A : 가출을 해 사람 간의 다양한 관계를 겪으면서 조금 단단해졌다고 해야 되나? 마음이 엄청 약했는데, 상처도 덜 받게 되었어요. 어렸을 때 한 번 했던 실수라고 하면서 넘기고 싶긴 한데 사실 그때는 진짜 힘들고 많이 외로웠어요. 저한테는 힘들어 하지 말라고 말해 주고 싶어요.

방황이 너무 길었던 거 엄마 아빠에게 죄송하죠. 엄마 아빠도 저를 많이 생각했으니까 연락을 했던 거고, 그게 나쁜 말이든 좋은 말이든 저를 위해서 해 주셨던 말이잖아요. 무작정 '왜 나를 안 믿어 주지, 왜 이렇게 나를 싫어하지?' 이런 식으로만 받아들여서 항상 엄마 아빠가 무슨 말을 해도 대답도 안 했고, 대화도 하기 싫어했고, 엄마 아빠가 저를 못 믿었던 것처럼 저도 엄마 아빠를 믿지 않았어요. 그냥 다 죄송해요.

Q : 가출한 친구들에게, 가출한 친구들 부모님께 어떤 말씀을

드리고 싶나요?

A : 잘 챙겨 먹고, 너무 추운 곳에 있지 말고, 진짜 친구들이랑 노는 게 좋아서 밖에 나와 있는 건지 아니면 진짜로 잠깐 휴식이 필요한데 있을 곳이 없어서 밖으로 나온 건지 그거를 한번 잘 생각해 보면 좋겠어요.

만약에 친구들과 더 놀고 싶어서 밖에 나와 있는 거면 부모님 생각을 좀 해서 집에 잘 들어갔으면 좋겠어요. 진짜 휴식이 필요해서 나온 거면 나쁜 길로 안 가도 충분히 잘살 수 있는 애니까 따뜻한 곳에서 밥 잘 챙겨 먹었으면 좋겠어요.

부모님들은 최선을 다했다고 생각할 수도 있고, 최선을 다 하셨겠지만 가출한 애들은 친구들이 좋아서 나온 경우가 아니라면 되게 외로웠을 거예요. 자녀를 조금 더 믿고 잔소리도 어떻게 보면 관심이니까 잔소리라도 애들한테 많은 관심을 주면 좋겠어요.

별들의 소리

훤칠한 키에 다소 예리해 보이는 눈빛의 진수는 특성화고등학교 2학년이다. 대화를 나누다 보니 눈빛과는 달리 여린 마음의 속살이 보인다.

Q : 가출해 본 적이 있나요?

A : 중3 때 1주일씩 몇 번 했어요.

그때 오토바이를 훔치기도 하고, 찜질방에서 자거나 그냥 아는 형 집에서 지냈어요. 집에서 부모님이 "이것도 안 돼. 저것도 안 돼." 하는 소리가 답답했고, 일찍 들어오라고 계속 전화가 오는 것도 그랬어요. 운동을 그만두게 된 것도 힘든데, 자꾸 "이거 해라. 저거 해라."라고 해서 제가 대화하기가 싫어서 그냥 나왔어요.

휴대폰도 끄고 지냈어요. 끄고 PC방에 가서 컴퓨터로 애들에게 연락했죠. PC방도 원래는 10시 넘으면 미성년자는 나가야 되는데, 관리를 잘 안 하는 데를 찾아 거기서 자고 했죠.

Q : 가출할 때 마음은 어떠했나요?

A : 한편으로는 부모님께 미안한데, 그때는 부모님이 하시는 말씀이 다 짜증났어요.

Q : 가출이 자신에게 어떤 영향을 미쳤고 부모님과는 어떤 갈등을 겪었나요?

A : 처음 가출하고 돌아왔을 때 엄청 혼날 줄 알고 되게 쫄았었는데, 진짜 한마디를 안 하시는 거예요. 그렇게 한 달 넘게 지낸 거예요. 정말 없는 사람처럼. 좀 긴장되고 어려웠어요. 진짜 냉랭한 분위기에서 한 달 이상 지내니까 마음이 병든다고 해야 되나. 외롭고, 있어도 없는 것 같고, 기댈 곳이 없어진 것 같았어요. 그때는 되게 심적으로 힘들었죠. 그래서 다시 집을 나갔어요.

가출해서 사고를 치게 되었던 것 같아요. 가출 안 하고 학교를 그냥 다녔으면 그 친구들 하고 오토바이를 훔치거나 그런 건 안 했을 수도 있었겠다는 생각이 들어요. 처음에는 엄마 아빠도 나를 말리다가 나중에는 많이 싸웠죠. 집을 나가라고까지 하셨어요.

Q : 지금은 어떻게 하고 있나요?

A : 통금 이런 것도 없는데, 그래도 늦게 들어오면 "언제 들어오냐? 먼저 잘 테니까 조심히 들어와라." 이 정도 해 주시고 적당한 관심과 적당한 자유를 주셔서 잘 지내고 있어요.

지금도 지각은 자주 하지만 결석은 안 해요. 밖에서 지내다 보면 집만큼 편한 곳이 없어요. 밖에서 놀다 보면 겨울에는 춥더라구요.

Q : 가출한 일에 대해 지금은 어떻게 생각하나요?

A : 당시를 떠올리면 철이 없었던 것 같아요. 많이 후회하죠. 그냥 집이 제일 편한데, 괜히 나와서, 집 나오면 개고생이라는 말이 있듯이 진짜 힘들었어요. 돈이 없으니까 하루를 라면 한 끼로 때우고, 원래 살이 좀 있었는데 살도 많이 빠졌어요. 장도 되게 안 좋아지고. 엄마가 스트레스 덜 받게 그냥 집에서 잘할 걸, 하고 생각해요. 엄마가 걱정 때문에 잠을 못 주무셨어요.

Q : 가출했던 나에게, 가출을 고민하는 친구들에게 어떤 말을 건네고 싶나요?

A : 집 나가면 개고생이라고 하죠. 힘들 때는 가출을 하고 싶어도 막상 나가면 돈이 없으니까 힘들잖아요. 잠잘 곳도 있어야 하고, 식비도 있어야 하죠.

"집에 가서 이 닦고 자라. 불만이 있으면 부모님이랑 얘기해 보는 게 맞고 나가봤자 고생하고 그냥 집에서 자는 게 낫다"고 말해 주고 싶어요.

Q : 부모님께는 어떤 말씀을 드리고 싶나요?

A : 가출을 했을 때는 그냥 내가 살 궁리를 하느라 아무런 생각도 할 수 없었어요. 당시에는 부모님 마음을 생각할 겨를도 없었고 할 수도 없었죠. 나중에 말씀 들어보니 저를 찾아 동네를 다 돌아다니셨다고 하더라고요. 그때 생각하면 굉장히 마음고생 심하셨을 것 같고 그래서 죄송스러운 마음이 있어요.

Q : 가출을 시도하는 친구들 부모님에게 어떤 말씀을 드리고 싶나요?

A : 자녀가 마음에 들지 않는 면이 있더라도 너무 "하지 말라"고만 하지 마시고, 자녀에게 관심을 가지고 자녀 이야기를 들어주는 게 필요해요. 자녀가 뭐 어떤 일이 힘든지 자녀하고 얘기 좀 많이 하는 게 도움이 되겠죠. 또한 믿어 주는, 그런 게 필요할 것 같아요. 너무 안 믿어 주면 신뢰 같은 게 싹 무너지고 하니까. "좀 믿어 달라." 이렇게 얘기를 하고 싶어요.

금연이 그렇게 쉬워?

"여보세요. 별이 어머니시죠? 별이가 학교에서 담배를 피웠어요."

별이 학교에서 걸려온 전화는 아내를 당혹스럽게 하기에 충분했다. 그것도 전학 첫날부터.

"다음주 월요일 5시에 선도위원회가 있습니다. 학교에 나와 주세요."

"네, 정말 죄송합니다. 다음주에 뵙겠습니다."

당혹감과 민망함에 얼른 전화를 끊었다.

별이는 중학교에 입학하면서 초등학생 때와는 달리 학교생활을 힘들어 했다. 오뉴월이 되자 아침에 학교 정문까지 차로 태워다 주면 뒷문으로 도망치는 날이 점점 많아졌다. 학교를 빠져나와 무단결석 중인 중학생, 고등학교 자퇴생들 심지어 고등학교 졸업생들과도 어울리며 학교 밖을 돌아다니는 날이 많아졌다. 혼을 내도,

설득해도 그때뿐이었고, 무단결석과 무단조퇴가 잦아졌다. 그러면서 초등학교 1학년 때부터 하던 태권도도 그만두게 되었다. 태권도 선수로 중학교에 입학해 시합에 나가면 투지가 넘쳤고, 좋은 기량을 보여 줘 크게 기대했는데, 우리 부부와 태권도학원 선생님 모두 아쉬움이 컸다. 학교 수업을 빠지니 태권도 훈련도 들쭉날쭉해졌기 때문이다.

여름방학을 지나고 가을이 되면서 학교생활은 점점 어려워졌다. 이렇게 두어서는 안 되겠다는 생각이 들었다. 무엇보다 어울려 다니는 중고등학생 언니, 오빠들과 관계를 정리하고 새로운 환경을 만들어 주는 것이 필요했다. 그래서 별이와 진지한 대화의 시간을 가졌다.

"별아, 이렇게 학교도 제대로 다니지 않고 중고등학생 언니, 오빠들과 어울려 다니면 어떻게 하니?"

"친구들과는 수준이 안 맞아. 나를 좋아하는 애들도 별로 없고."

"그렇다고 학생답지 않게 이러면 어떻게 하니? 어떻게 하면 좋겠니?"

별이도 자기 모습이 중학생답지 않다는 것을 알고 있었다. 어떻게 하면 좋겠느냐고 물었더니 환경을 바꾸기 위해 전학을 가겠다고 했다.

"아빠, 다른 학교로 전학 보내 주세요."

"다른 학교로 가면 잘 할 수 있겠니?"

"한번 새롭게 해보고 싶어요."

참 고마운 일이었다. 환경을 바꾸어 새로운 학교에서 새로운 모습으로 새 출발을 하겠다는 별이의 모습은 환골탈태의 결단을 내린 것처럼 보였다. 결국 그해 12월, 새 학교로 전학을 했다.

하지만 새로운 환경도 습관을 완전히 새롭게 하지는 못 했나 보다. 별이는 전학을 간 첫날 새 학교 친구와 학교 내에서 흡연하다가 걸리게 된 것이다. 너무나 속상했고 창피했다. 과거의 모습을 묻어버리고 새로운 학교에서 잘 생활하기로 다짐을 했는데, 새로운 학교로 등교한 첫날 교내에서 흡연을 하다니.

하교를 하고 저녁 늦게 들어온 별이를 앉혀놓고 어찌 된 일이냐고 물었다.

"아빠, 나도 노력 중이야. 금연이 그렇게 쉬워?"

미안한 기색도 없이 아주 당당하다.

"새 학교도 힘들어. 다들 나를 안 좋게 봐."

"전학 첫날부터 교내에서 담배를 피우다 적발됐으니 다른 아이들이 너를 좋게 보겠니?"

"그래도 나 힘들어."

별이가 눈물을 글썽인다.

참 마음이 쓰리고 아팠다.

"그럼 아빠와 몇 가지 약속하자. 첫째, 금연을 노력 중이라고 하니 그 노력을 보여 다오. 다시는 선도위원회에 가지 않기로. 둘째, 어떤 일이 있어도 학교는 가자. 힘들다고 회피하지 않기다. 셋째, 저녁에 귀가시간 약속은 꼭 지키면 좋겠다."

그렇게 선도위원회를 통해 처벌받고 반성하고 잘 하기로 다짐했건만 행동의 변화가 눈에 띄지는 않았다. 별이의 흡연은 점점 심해져만 갔다. 담배를 사지 못 하도록 용돈을 줄이는 것도 큰 도움이 되지 못 하였고, 담배를 판매하는 곳을 찾아 담배 구입을 원천봉쇄 하는 것도 나 혼자의 힘으로는 쉽지 않았다.

별이는 저녁 늦게 집에 들어왔다가는 "잠깐 밖에 나갔다 올게." 하고는 집 주위와 공원 벤치에 앉아서 흡연하기 일쑤였다. 담배와 라이터가 별이의 방 책상 위에 버젓이 놓여 있는 것을 보면 참 난감하였다. 처음에는 보이는 대로 치워 버렸지만 그것으로 담배를 끊지는 못 했다.

그렇게 한참 동안 흡연을 계속 하던 별이는 고등학교에 들어가서 흡연을 많이 줄였고 졸업할 때쯤에는 몸에서 담배 냄새가 나지 않았다. 어떻게 담배를 끊게 되었느냐고 물었더니 그 대답이 참 재미있다.

"담배를 끊은 것은 아니고 많이 줄였어. 옷에서 냄새가 나서 많이 피울 수가 없어."

"허허. 이제 곧 끊겠네."

어린시절 함께 자란 고향 친구들이 나이를 먹으면서 점차 다시 모이기 시작했다. 중학교를 졸업하면서 헤어진 친구는 40여 년 만에 만나기도 했다. 40여 년이란 세월은 친구들의 삶을 참 다양하고 흥미롭게 만들었다. 그중에는 중학생 때부터 아버지 담배를 훔쳐서 몰래 피우던 친구들도 있었다. 틈날 때마다 어른들 몰래 담배를 피우던 친구들을 우리는 '골초'라 불렀는데, 재밌는 건 그런 친구 중에는 이미 오래 전에 금연을 한 친구들도 많다는 것이다.

"너 담배 끊었구나."

"응, 담배 끊은 지 오래됐어. 어릴 때 많이 피워서 그런지 맛이 없더라구. 진작 끊었는걸."

중학생 때 생활을 보면 평생 골초로 살 것 같던 친구는 한참 전에 담배를 끊었고, 중학생 때는 교칙을 잘 지키며 모범생이던 친구는 어른이 되어서 담배를 배워 50살이 넘은 지금까지 끊지 못하고 있다. 이래서 인생은 드라마라고 하나 보다.

별들의 소리

아담한 체구에 가을 코스모스처럼 청순한 외모를 가진 경아는 열아홉, 고3이다.

Q : 흡연해 본 적이 있나요?

A : 중학교 1학년 때 처음 피워 봤어요. 그때는 담배를 못 사니까 못 피웠죠. 제대로 피우기 시작한 거는 중학교 3학년이에요. 하루에 반 갑 정도 피웠어요. 남자애들이랑 친해졌었는데, 남자애들이 담배를 살 수 있는 마트가 있어서 그때부터 내 것도 좀 같이 사

달라고 해서 샀어요. 나중에는 누가 신고가 들어가서 그 다음부터는 아마 애들도 못 샀을 거예요.

저는 할 거 없을 때랑 밥을 먹고 나서 누굴 기다릴 때 담배를 피워요.

담배 피우다가 걸린 건 얼마 되지 않았어요. 고등학교 1학년 때 엄마한테 한 번 걸렸어요. 학교에서 전자담배를 피웠거든요. 전자담배는 달달한 냄새가 나니까 안 걸릴 줄 알고 학교 화장실 칸에서 폈었는데, 누가 연기를 본 건지 냄새를 맡은 건지 선생님께 말한 거예요.

교내 흡연으로 선도위원회를 한 번 갔었거든요. 엄마한테 연락이 갔었어요. 엄마가 아빠 아시면 엄청나게 맞을지도 모른다면서 아빠한테 말 안 할 테니 끊으라고 하셨어요. 근데 이번에 흡연으로 학교에서 또 걸렸어요. 그래서 이번에 아빠한테 걸렸어요.

Q : 흡연이 자신에게 어떤 상처나 아픔을 남겼고 부모님과는 어떤 갈등을 갖게 되었나요?

A : 옛날에는 술을 좀 자주 마셨거든요. 술을 마시면서 담배를 피우니까 더 빨리 취하는 거예요. 한 번은 아예 필름이 끊겨서 경찰차를 타고 집에 갔었어요. 아빠한테 먼지떨이 손잡이로 엄청나게 맞았어요. 며칠 전에는 교내 흡연으로 걸렸어요. 선도위원회를 열게 되어서 아빠한테 걸렸죠.

Q : 지금은 어떻게 하고 있나요?

A : 며칠 전에 걸렸을 때 아빠가 그냥 끊으라고, "진짜 좋게 말했으니까 끊어!"이러고 끝났거든요. 그래서 이제 연초는 냄새가 나서 냄새 안 나는 전자담배를 피우고 있어요.

옛날에 엄마한테 딱 처음 걸렸을 때 '진짜 끊어야겠다.' 이러면서 피우던 담배도 친구한테 주고 은단도 먹어 봤거든요. 근데 주변 사람들이 다 피우니까 효과가 없는 것 같아요.

Q : 흡연하는 나에게, 부모님께 어떤 말씀을 드리고 싶나요?

A : 진짜 안 된다는 거 알면서도 계속 피우는 저 자신이 너무 바보 같아요. 몸이 나빠진 것도 알고 부모님께서도 그렇게 말리는데, 굳이 꼭 피워야 하나 생각해요. 흡연을 하게 되면 입에서 냄새가 난다거나 몸에서 냄새가 난다거나 손에서 냄새가 나요. 담배를 피우면 좋은 점보다는 나쁜 점이 더 많긴 한데, 이게 중독성이 있어서 끊기가 어려워요. 만약에 제가 다시 중학교 1학년 때로 간다면 담배를 피우지 않았을 것 같아요

부모님은 처음에는 좋게 말씀하시고 걱정부터 하시니까 미안하고 진짜 금연을 해야 겠다고 말씀드리고 싶어요.

Q : 흡연하는 친구들과 친구 부모님에게 어떤 말씀을 드리고 싶나요?

A : 친구들에게는 몸 다 상하니까 제발 좀 끊으라고 말하고 싶

어요. 예를 들어 남자친구를 만나게 됐어요. 남자친구가 담배를 안 피는 사람인데 내 입에서, 몸에서, 손에서 담배 냄새가 나면 나를 싫어할 거 아니겠어요?

흡연하는 친구 부모님에게는 뜯어 말려서라도 좀 담배를 못 피우게 했으면 좋겠어요.

○── 별들의 소리 ──○

바리톤 목소리에 믿음직한 외모를 한 민준이는 일반고 1학년이다. 부모님 없이 혼자서 산다. 그래서 더욱 마음이 허한가 보다.

Q : 흡연을 해본 적이 있나요?

A : 중학교 2학년 때부터 친구를 잘못 만나서 흡연하게 되었죠. 그때는 하루에 다섯 대 정도. 별로 안 피웠어요. 최근에는 하루에 한 갑 정도 피워요. 담배를 살 수 있는 데가 있어요. 미성년자인지 알면서 주는 사람들도 있어요. 그런 편의점이 있죠. 아니면 성인 신분증을 구해서 그렇게 하는 애들도 많고 신분증 사진을 보여주고 사는 애들도 있죠. 하루에 한 갑 4,500원, 한 달에 13만 5천 원이 정확히 들어요. 아르바이트를 하는데, 타격이 크죠.

Q : 흡연할 때 기분은 어떠했나요?

A : 특별한 건 없어요. 그런 건 없는데, 이게 습관이 돼서 피우게 되는 거죠. 이제 피우기 시작한 지 3년 지났으니까. 안 피우면 다리가 떨린다거나 너무 피우고 싶다, 이런 생각이 자꾸 들어요. 금단현상이라 하죠.

Q : 흡연이 신체적으로 어떤 영향을 미치고 있나요?

A : 저 같은 경우에는 신체적인 증상이라고는 딱히 없었는데, 요즘은 누워 있으면 다리가 떨리고, 피우고 싶다는 생각이 드니까 피우러 가고 그러죠. 입에 뭐라도 물게 돼요. 중학교 때는 안 들켰는데, 고등학교 때는 선도위원회에 다섯 번 갔어요. 엄마가 많이 슬퍼하셨어요. 학교에 저희끼리 모여서 몰래 담배 피우는 장소가 있어요. 거기서 안 피우고 다른 데서 피우다가 걸렸어요.

Q : 흡연에 대해 지금은 어떻게 생각하나요?

A : 저는 담배 피우는 건 잘못했다고 생각 안 하는데 적어도 교복 입고 피우지는 말아야 한다고 생각해요. 저도 옛날에 중학교 때까지 교복을 입고 피우긴 했지만 길거리에서 대놓고 교복을 입고 흡연하는 애들을 봤거든요. 얼마 전 그걸 보니 화가 나더라고요. 마음이 안 좋더라고요. 제가 담배 피우는 걸 어른들이 봤을 때 그렇게 봤겠구나, 라고 생각했죠. 적어도 교복 입고 피지 말아야겠다고 생각해요.

금연에는 동기부여가 있어야죠. 저도 옛날에 끊었던 적이 있어요. 여자친구를 사귀었는데, 걔가 공부하는 애여서 담배 끊으라 해서 그때 끊은 거였어요. 사랑하는 사람이 끊으라고 하면 끊어요. 헤어져서 다시 피게 되었어요. 진심으로 그런 동기부여가 있어야 끊을 수 있어요.

Q : 흡연하는 나에게 어떤 말을 건네고 싶나요?

A : 제가 아직은 어리니까 몸에 이상은 없는데, 기관지도 안 좋은 편이어서 나이 먹으면 끊어야 한다 생각해요. 미래에 제가 폐암에 걸릴 수도 있고 건강이 안 좋아질 수도 있는 거니까, 젊을 때가 지나면 고생을 많이 하겠죠. 끊으려고 노력했었는데 저번부터 몇 번씩 해봤는데 이게 쉽지 않아요.

담배를 한번 피우기 시작하면 절대 못 끊어요. 줄이면서 끊는 게 맞아요. 근데 줄이려면 친구들을 아예 만나지 않아야 돼요. 저 혼자 있을 땐 담배를 별로 안 피우는데, 친구들이랑 있으면 많이 피우게 돼요. 담배 피우는 애들도 혼자 있으면 거의 담배는 안 해요.

Q : 흡연을 고민하는 친구들에게 어떤 말을 건네고 싶나요?

A : 저는 담배를 피워서 솔직히 체력도 안 좋아지고 폐활량도 줄어들더라고요. 뛰는 게 너무 힘들더라고요. 그렇게 오래 피운 것도 아닌데 솔직히 너무 힘들어요. 돈도 문제죠. 담배가 진짜 비싼 거예요. 담뱃값 4,500원 중에 세금이 3,300원이고 순수 담뱃값이 1,200원이래요. 이게 돈이 아까워요. 제가 담배를 사는 데 쓴

돈만 해도 몇 백만 원은 될 거예요. 그래서 친구 잘못 만난 게 후회 되죠. 웬만하면 피우지 말라고 권하고 싶어요.

흡연을 하려면 돈, 체력, 자기 건강을 생각해야 하지만 제일 먼저는 부모님 생각을 해야 해요. 부모님은 자기 아이가 착한 줄 알 거 아니에요. 그런데 갑자기 담배 냄새가 나요. 담배 피우는 거 걸렸어요. 부모님 억장 무너져 내리겠죠. 그러니 '먼저 부모님 생각부터 해야 한다. 담배를 피우면 엄마가 슬퍼하겠구나! 아빠가 슬퍼하겠구나.' 이렇게 생각을 해야 해요.

Q : 흡연하는 친구들 부모님에게 어떤 말씀을 드리고 싶나요?

A : 저는 담배 피우는 걸 아빠한테 걸려서 핸드폰으로 머리가 찍혔어요. 피가 엄청 많이 났어요. 저는 잘못을 하면 맞을 수도 있다고 생각해요. 그런데 부모도 자기조절을 해야 하죠. 화가 난다고 감정에 휩쓸려서, 자기조절 못 해서 폭력을 쓰면 안 되죠. 화가 난다고 해도 애한테 상처 주는 말을 하면 안 돼요. 잘못된 건 바로잡아 주되 감정 조절을 해야 해요. 어른이면 본을 보여야 하죠.

피어싱을 빼야 CT를 찍을 수 있어

별이는 미용에 관심이 많았다. 초등학교 고학년이 되면 여자아이들은 미용에 관심이 커지게 마련이지만 별이는 유독 관심이 많았다. 초등학생 때 귀걸이를 해달라고 떼를 써서 귀걸이를 달기 시작했고, 중학생이 되니 얼굴에 점점 장신구가 많아지기 시작하였다. 별이가 다니는 학교에서는 귀걸이 등 장신구를 착용하는 게 학칙으로 금지되어 있었지만 학칙과 선생님, 부모님의 잔소리로는 미용에 대한 별이의 관심을 거두게 만들 수 없었다.

"별아! 귀걸이를 하고 학교에 가면 어떻게 하니?"

"오늘 누구 만날 일이 있어서 예쁘게 해야 한단 말이야."

"아침에 등교하면서 정문에서 지도하시는 선생님께 잡힐 텐데"

"정문에 들어갈 때는 뺐다가 학교에 가서 다시 하면 돼."

"꼭 그렇게까지 해야겠니?"

2학년이 되어서는 귓바퀴에 점점 피어싱이 늘기 시작했다. 학년이 바뀌면서는 귓바퀴에만 하던 피어싱을 입술, 눈썹, 코에도 하고 심지어 혀에도 했다. 피어싱이 많아지니 선생님들에게 들키지 않으려고 머리카락으로 가리거나 외투에 달린 모자를 눌러쓰고 학교에 들어갔다. 그러니 늘 선생님과 숨바꼭질이었다. 어떤 때는 선생님의 하소연을 듣기도 했다.

"아버님, 교칙에 귀걸이 등 장신구는 하지 못 하게 되어 있습니다. 별이가 귀걸이 등 피어싱을 많이 하고 다녀서 학교에서 지도하기가 어렵습니다. 집에서 협조 부탁드립니다."

"죄송합니다. 저도 지도를 하는데 제 말을 잘 듣지 않네요."

귀걸이만 할 때는 단정한 장신구로 예쁜 얼굴이 더 예뻐 보였다. 그런데 귓바퀴에도 여러 개의 피어싱을 하고 얼굴에까지 자꾸 늘어가자 감당하기가 무척 버거웠다. 피어싱이 늘어갈 때마다 별이는 등교 시간 정문 지도에서 걸리지 않기 위해 아침 등교가 늦어졌다. 그에 따라 아빠의 한숨도 늘어만 갔다.

중학교 3학년 어느 날, 별이가 아침에 일어났더니 머리가 너무 아프다며 두통을 호소하였다. 아침밥을 먹으면서 어떻게 아픈지 얼마나 아픈지 물었는데, 너무 아파서 참을 수가 없다는 것이었다. 출근을 해야 하는데, 별이 때문에 갑자기 출근할 수가 없게 되었다. 담임선생님께 연락을 드린 뒤 별이를 데리고 병원을 찾았다. 병원 진료를 하고 CT를 찍어서 결과를 확인하기로 하였다. 영상촬영실로 가서 옷을 갈아입고 CT를 찍으려는데, 담당 선생님이 말씀하셨다.

"눈썹에 있는 피어싱을 빼야 CT를 찍을 수 있으니 피어싱을 빼고 오세요."

"안 돼. 내가 얼마나 어렵게 피어싱 했는데."

"피어싱이 있으면 CT를 찍을 수 없다고 하지 않니."

"그래도 안 돼. 뺄 수는 없어요."

기가 찰 노릇이었다. 점점 화가 나기 시작했다. 머리가 아파서 도저히 견딜 수 없다고 병원에 가자고 할 때는 언제고 이제 와서 그깟 피어싱 때문에 CT를 못 찍겠다니. 학교에 출근까지 못 하고 급하게 대학병원까지 와서 오전 내내 시간을 보내고 있는데, 이제 와서 CT를 안 찍겠다니 너무나 어이가 없었다. 나는 한참 동안 실랑이를 벌이며 별이를 설득하기도 하고 언성을 높이기도 하였지만 결과는 마찬가지였다.

결국 CT를 찍지 않고 병원을 나오게 되었다. 나는 화가 나서 별이에게 알아서 집에 가라고 남겨두고 병원 가까이에 있던 학교로 출근했다. 인하대병원에서 강화도에 있는 우리 집까지는 대중교통으로 서너 시간이 걸리는 거리였다. 별이의 두통은 그날 부천에 있는 친구들을 만나면서 사라졌다고 한다. 병원비가 굳게 되었으니 그나마 다행이라고 해야 하나.

여자 아이들이 몸무게가 가장 많이 불어나는 시기는 대부분 고등학생 때다. 당연히 그 시기의 여자 아이들은 다이어트에 관심이 매우 많다. 별이도 외모에 관심이 많아 고등학생 때는 늘 다이어트를 하는 것 같았다. 나는 별이가 다이어트를 할 필요가 있다고 생각한 때도 있지만 그 정도면 괜찮다고 생각하는 때도 있다. 그러나 그것은 나의 기준이고 별이의 기준은 달랐다.

"별아, 너 정도면 괜찮아. 굳이 다이어트를 해야 하겠니? 다이어트를 하더라도 음식 너무 줄이지 말고 적당히 먹으면서 하렴."

"안 돼. 아직도 몸무게를 더 줄여야 해."

SNS의 프로필 사진에도 별이인지 헷갈리는 듯한 사진을 올렸다. 그만큼 날씬해지기를 바라는 마음이었을 것이다.

청소년기에는 외모에 관심이 많다. 특히 여자아이들은 청소년 시기에 신체적 변화에 민감하고 자기 외모에 대한 남들의 평가에 신경을 많이 쓴다. 비만은 여러 질병의 원인이 될 수 있으므로 경계해야 하겠지만, 평범한 체격임에도 불구하고 자신이 뚱뚱하고 생각하면서 스트레스를 받거나 다이어트를 하기도 한다. 균형 잡힌 적절한 식사를 통해 건강을 유지해야 할 청소년기에 식사량을 줄이고 과도한 다이어트를 하는 경우가 많다. SNS의 프로필 사진을 보더라도 자신의 사진을 그대로 올리기보다는 포토샵 프로그램을 통해 수정을 해서 살을 뺀 것처럼 호리호리한 사진을 올리는 경우도 많다.

과도한 다이어트를 부추기는 우리 사회 문화는 미디어에 등장하는 연예인들로부터 가장 큰 영향을 받았다고 생각한다. 미디어에서는 날씬한 몸을 가진 연예인들을 성공한 연예인으로 보여 준다. 특히 청소년 시기에는 이러한 TV에 나와 앙상한 몸으로 연기하고 춤추는 연예인을 이상적인 몸매로 규정하고 동경하는 경우가 많다. 그렇다 보니 식사량을 극단적으로 줄여 다이어트를 하기도 하고, 급기야는 과도하게 살을 빼기 위해 약을 먹는 경우까지 나타난다. 섭식장애를 앓는 인구도 해마다 증가하는 추세다. 섭식장애란 비정상적인 체중조절이나 극단적인 다이어트로 인해 음식을 먹는 데 어려움을 겪는 현상을 일컫는다.

또 과도한 다이어트는 2차적인 문제를 만든다. 거식과 폭식이 반복되는 섭식장애는 영양부족과 골다공증 같은 질병의 원인이 된다. 심한 경우 정신질환도 유발하는데, 불안과 우울증, 공황장애와 강박관념, 다양한 중독증상이 발생하며 우울증이 심한 경우 극단적인 선택으로 이어지기도 한다.

과도한 피어싱과 다이어트 등의 외모 중시 사고에서 벗어나기 위해서는 무엇보다 자신을 긍정하고 존중하는 자세, 바로 자존감의 회복이 필요하다. 자녀의 자존감 회복을 위해서는 부모가 먼저 다른 사람과 비교하기보다 자녀를 있는 그대로 긍정하고 수용해야 한다. 있는 그대로의 모습으로 부모로부터 사랑받을 때 자녀들도 자기 자신을 사랑하고 존중할 줄 아는 마음이 생긴다.

오늘도 딸에게 메시지를 날린다.

"별아, 너는 존재만으로도 사랑스럽고 이뻐!"

하얀 피부에 마른 체격, 보일 듯 말 듯한 보조개를 가진 귀여운 겨울. 남들이 보기에는 "너 정도면 꽤 괜찮아."라고 할 만한 예쁜 얼굴과 체격인데, 거식증을 앓고 있어서 겨울이의 마음에는 아직도 찬바람이 분다. 그림을 좋아하는 열여덟 살 겨울이는 일반계 고등학교를 자퇴하였다.

Q : 외모로 인해 스트레스를 받아본 적이 있나요?

A : 전 초등학교 4학년 때 왕따를 당하면서 '내가 뚱뚱해서 왕따를 당하는구나.' 라고 생각했어요. 그래서 그때부터 다이어트를 했고 중학교 2학년 때부터는 변비약을 먹거나 먹고 토하거나 아예 밥을 안 먹거나 아니면 완전 폭식을 하거나 이런 방식으로 그냥 그렇게 살았던 것 같아요. 중2 때는 15일간 안 먹다가 한 일주일인가 폭식했는데 오히려 살이 더 찌더라고요. 그다음부터 약간 회의감도 느껴졌어요. 그렇게 폭식과 굶기를 반복했어요.

또 살을 빼려고 변비약을 먹었어요. 사실 변비약은 안에 있는 수분을 빼는 거지 지방을 줄이는 게 아니거든요. 근데도 체중계에 0.1kg이라도 빠져 있는 게 너무 좋아서 변비약을 많이 먹었고 약을 먹고 난 뒤에는 손가락을 입에 넣어서 토를 많이 했어요. 거식증에 걸린 거예요. 그래서 자주 병원에 가서 링거를 맞았어요.

제가 살이 빠지니까 저한테 관심도 없던 애들이 와서 "너 살 어떻게 뺐어? 진짜 예뻐졌다." 이렇게 물어보는 거예요. 그런 관심이 너무 좋아서 살 빼려고 했었던 것 같아요.

Q : 다이어트나 거식증이 정신적, 신체적으로 어떤 영향을 미쳤고 부모님과 어떤 갈등을 갖게 되었나요?

A : 긍정적인 영향은 몸이 가벼워졌다거나 달리기가 빨라졌다거나 땀이 덜 난다거나 이런 사소한 것들이었어요.

안 좋은 영향은 굉장히 컸어요. 중2 때는 하루 세 번 넘게 토했는데 너무 많이 토해서 입에서 구취가 심하고 머리카락이 엄청나게 빠지고, 어지럽고, 쓰러지면서 멍이 자꾸 들었어요. 한여름에도 춥고, 목도 아프고, 명치도 아프고, 심장도 아프고, 그냥 온몸이 다 아팠어요.

엄마가 해놓은 반찬을 제가 버리면 "엄마 정성 무시하는 거냐?" 하며 엄청 화를 내셨어요. 제 몫의 반찬이 항상 따로 있었는데, 그 반찬을 다 버리면 엄마가 어떻게 알아채시고 화를 내시더라고요. 그래서 맨날 혼났었어요. 그래서 상담소에서 밥을 따로 먹게 하자고 조치를 해 주셨어요. 학교에서도 점심을 안 먹었어요. 체력이 약해서 체육수업은 늘 빠졌어요.

Q : 지금은 어떻게 하고 있나요?

A : 지금도 크게 달라진 건 없는데, 그래도 조금 좋아졌어요. 예전에 세 번, 네 번을 토했다면 지금은 두 번. 전에는 변비약을 하루

에 세 번씩 먹었다면 지금은 한 번, 이런 식으로 많이 빈도가 줄었어요. 집에 가면 하루에도 여러 번 몸무게를 재는 것 같아요. 한 시간에 20번 넘을 때도 있어요. 약간 습관적으로 강박적으로 하는 것 같아요. 습관이 되어버려서 안 재면 뭔가 불안해요.

Q : 가족, 친구, 선생님 등 지인들이 어떻게 도와주면 좋을까요?

A : 저는 저한테 먹으라고 강요를 안 했으면 좋겠어요. 먹으라고 강요 안 해도 제가 먹고 싶을 때가 있거든요. 근데 한 끼 안 먹었다고 세상 뒤집힐 것처럼 먹으라고 하거나 반찬 한 끼 안 먹었다고 잘못하고 있다고 얘기를 하니까 더 먹기 싫어져요.

그리고 제 몸매를 평가하는 말을 안 했으면 좋겠어요. 제가 38kg이었을 때 진짜 말랐었는데, 이런 말을 들으면 지금 38kg이 아닌 저는 죄인인 것 같고, 38kg이 돼야 할 것 같고, 이런 생각도 들게 되거든요.

Q : 다이어트를 하는 나에게 어떤 말을 해 주고 싶나요?

A : 조금 돌아가도 괜찮다고 너는 아직 어리고 네게 주어진 기회가 많다고, 내가 너의 옆에 있어 줄 테니까 괜찮을 거라고 말해 주고 싶어요.

Q : 성형수술이나 다이어트를 하는 친구들에게 어떤 말을 해 주고 싶나요?

A : 외모 콤플렉스라는 게 저도 겪어 봐서 알지만, 단기간에 사라질 수 있는 게 아니거든요. 오늘은 좀 괜찮은 것 같은데 싶다가도 내일 보면 또 너무 뚱뚱해 보이고 막 그래요. 다음 날 보면 너무 못생겨 보이고 또 그 다음 날 보면 너무 마음에 안 들고 이렇게 하는 날들이 대다수인데 본인한테 시간을 줘야 해요. 본인이 자기 자신을 사랑할 수 있게 되고 본인이 자기 자신을 아낄 수 있을 때까지 먹고 토하기를 한다거나 이런 행위는 최대한 자제해야 해요. 물론 단기간에 끊기는 쉽지 않겠죠. 근데 계속 토하거나 하는 것은 본인에게는 시간 낭비예요.

일단 본인한테 시간도 줘야 하지만 그걸 너무 가볍게 치부하지 않았으면 좋겠어요. "나는 이러이러한 일로 힘들어. 그러니까 나 이렇게 했으면 좋겠어." 라는 자기주장을 확실히 할 줄 알아야 해요. 저는 그걸 못 해서 이렇게 고생하고 있는 것 같아요. 본인이 현재 상태와 그 원인을 생각해 보고 주변 사람들에게 도움을 요청할 줄 알아야 해요. 결국은 스스로가 마음가짐이 제일 중요한 것 같아요.

Q : 그 외 하고 싶은 말씀은?

A : 정말 어렵겠지만 외모 스트레스는 본인이 스스로 고쳐야 하는 문제거든요. 아무리 도움을 줘도 본인이 생각을 고치지 않으면 절대 안 바뀌어요. 스스로 마음가짐이 정말 중요하다고 생각해요. 저는 상담을 3년 동안 받았고 정신과 약을 먹었어요.

하지만 저는 아무것도 안 바뀌었어요. 지금까지 제 마음가짐은 여전히 거울을 보면 뚱뚱한 그대로의 저예요. 전 제 마음가짐이 바뀔 수 있을지도 잘 모르겠지만 바뀌는 게 굉장히 중요하다고 생각해요. 지금 당장은 막연하고 현실성 없는 말로 들릴 수도 있겠지만 결국은 본인도 깨닫거든요. 바뀌어야 하는 건 본인이라는 것을 좀 빨리 깨달으면 좋겠어요.

○━━━━ 별들의 소리 ━━━━○

진한 쌍꺼풀에 반짝반짝 빛나는 눈, 예쁜 외모를 가진 연아는 자신에게 만족을 못 하는, 마음이 허한 열아홉 고등학교 3학년이다.

Q : 외모로 인해 고민해 본 적이 있나요?

A : 다른 사람들 보면 요즘에 기본적인 성형수술은 다 하잖아요. 길 가면서 옆에 예쁜 사람들 보면 괜히 자존감이 떨어지는 것 같아요. 주변 사람들이 "너 이쁘다. 이쁘다." 이렇게 해 줘도 선의의 거짓말처럼 들려서 신경 쓰여요.

눈밑 지방이 계속 처지는 것 같아서 쌍꺼풀 액과 테이프를 붙였어요. 하다 보니까 쌍꺼풀이 없으면 학교도 안 갔어요. 액이 떨어지면 사 가지고 와서 쌍꺼풀을 해야 학교에 갈 정도로 심각해서 엄마가 작년 고2 때 쌍꺼풀 수술을 해 주셨어요. 마음에 들 때까지

하느라 중2, 3학년 때는 지각을 많이 했어요. 쌍꺼풀 수술을 하니까 이번에는 코가 마음에 안 들고, 입이 마음에 안 들고, 얼굴형도 마음에 안 들고, 눈도 너무 작으니까 다시 하고 싶다는 생각도 들고 만족이 안 돼요.

요즘에는 인스타그램 같은 데를 보면 다들 몸매 좋고 키도 크고 그러잖아요. 볼 때마다 '나는 왜 이렇게 생겼지?' 이러면서 나중에 성인이 되면 몸에도 어느 곳이든 다 손대고 싶다는 생각이 들었어요.

Q : 외모 콤플렉스가 정신적, 신체적으로 어떤 영향을 남겼고 부모님과 어떤 갈등을 갖게 되었나요?

A : 주변 사람들이 "너 말랐다, 충분히 말랐다." 이러는 데도 그냥 제 눈으로 보기에는 만족이 안 돼서 그냥 끼니를 걸렀어요. 그리고 쌍꺼풀 수술하기 전에는 맨얼굴로는 밖을 안 나갔어요. 무조건 쌍꺼풀 테이프를 붙여야 나갔어요.

쌍꺼풀 수술하기 전에는 부모님과 갈등이 많았어요. 쌍꺼풀이 계속 안 만들어지고, 여름에 땀 흘리면 또 떼어지고 해서 학교도 맨날 늦게 갔죠. 아빠가 출결에 예민하시고 지각만 해도 뭐라 하셔서 아빠랑 트러블이 엄청 많이 있었어요. 지금은 곧 성인이라고 아빠가 터치를 안 하세요.

Q : 지금은 어떻게 하고 있나요?

A : 쌍꺼풀 수술로 전보다는 나아지긴 했는데 아직 만족은 못 해요. 돈을 모으면 일단 코는 무조건 하고 싶고, 눈도 앞트임 뒤트임 같은 것을 해서 눈이 더 커지게끔 하고 싶어요.

Q : 성형수술의 욕구를 극복하는 방법이 있나요?

A : 바쁘게 살면 생각이 안 나지 않을까요? 알바도 열심히 자주 나가고, 취미도 만들고 그러면 좀 덜 신경 쓰이지 않을까요?

Q : 성형수술을 한 나에게, 부모님께 어떤 말씀을 드리고 싶나요?

A : 내가 너무 주변 사람들한테 신경을 안 쓰게 되었으면 좋겠어요. 부모님께 너무 실망하게 해드려서 죄송하죠. 다시 돌아간다면 처음부터 얼굴에 아무것도 손을 대지 않았으면 좋았을 텐데, 부모님 말씀대로 화장도 안 하고 그랬으면 나았을 텐데 생각해요.

Q : 성형수술을 고민하는 친구들에게, 친구들 부모님에게 어떤 말씀을 드리고 싶나요?

A : 성형수술은 다 자기만족이에요. 너무 돌이킬 수 없을 정도로는 하지 않았으면 좋겠어요. 부모님께는 꼭 필요한 상황이면 시켜 주고, 할 필요가 없고, 아니다 싶으면 끝까지 말려야죠. 말려도 말을 안 들으면 "네가 돈 벌어서 네가 직접 책임을 져라." 이렇게 말을 하라고 말씀드리고 싶어요.

남자친구 만나는데, 데려다 줘

"아빠, 이번 주말에 시간 있어?"

"별일 없는데. 왜?"

뜬금없이 "주말에 시간 있느냐?"는 별이의 질문에 생각 없이 대답하였다.

"남자친구가 수원에 오는데, 수원까지 데려다 줄 수 있어?"

별이의 대답에 나는 '아이코 실수했구나. 시간 없다고 할 걸.' 하고 후회가 밀려왔다.

주말에 강화에서 수원까지는 왕복 5시간은 족히 걸리는 거리였다.

"남자친구가 어디 사는데 수원에서 만나? 서울에서 만나면 되잖니. 너도 서울까지 버스 타고 가고."

"안 돼. 걔는 서울 지리를 몰라. 김천에 살거든."

"김천에서 어떻게 수원에 왔어?"

"걔네 할머니가 수원에 계셔서 잠깐 들르러 온 거야."

"언제부터 사귀었는데?"

"2주 넘었어."

중학교 3학년인 별이와 대화를 나누던 나는 조금 당황스러웠다. 인터넷을 통해 남자친구를 만들 수 있다고 쳐도 어떻게 그 먼 경상도에 사는 아이를 만날 생각을 하는지, 그것도 알게 된 지 2주밖에 되지 않은 남자친구를 만나려고 아빠에게 5시간 넘게 운전을 시키려고 하는 발상이 당황스럽다.

"2주밖에 되지 않았는데, 걔가 어떤 아이인지도 모르면서 벌써 만나? 좀 더 알아보고 만나렴."

"안 돼, 방학 때 밖에 수원을 못 온단 말이야."

결국 별이에게 백기를 들고 주말에 수원을 가기로 했다.

주말이 되자 비가 주룩주룩 오기 시작했다. 주말에 빗길을 세 시간 동안 운전해서 수원까지 가는 것은 여간 귀찮고 힘든 일이 아니었다. 그것도 중학생 딸아이가 사귄 지 2주 밖에 안 된 남자친구를 만나기 위한 에스코트라니.

토요일 낮 12시. 수원 광교의 갤러리아백화점 입구는 진입하기 위한 차량으로 장사진을 이루고 있었다.

만남은 참 어색했다. 별이도 남자친구를 처음 보는지라 어색해하였지만 남학생도 쑥스러움이 많아서 어색하기는 마찬가지였다. 아이들보다 더 어색한 사람은 나와 남학생의 아버지였다. 처음 보는 두 아버지가 만나서 주고받을 만한 대화는 별로 없었다. 별이는 남자친구와 음식을 먹고 데이트를 하러 사라졌다. 나도 남학생의 아버지와 인사를 하고 요즘 아이들 감당하기 힘들다는 몇 마디 말을 나누다가 헤어지고 백화점에서 두 시간 넘게 별이를 기다렸다.

두세 시간 데이트를 하고 난 별이와 집으로 돌아왔다. 별이는 기분이 좋아 보였다. 어디가 마음에 들더냐고 물었더니 착해 보인다는 것이었다. 내가 언뜻 보기에도 착한 인상을 가진 학생이었다. 나는 내심 그 아이와 좀 오랫동안 사귀길 바랐다. 같은 학년이라 남자에 의해 별이가 끌려 다니지 않을 것 같았다. 또 멀리 살고 있으니 자주 만나지 못 해 인터넷과 전화로만 사귀는 '랜선데이트' 같은 정신적인 사랑이 별이를 위험한 상황에 빠지지 않게 해 줄 것으로 기대하였다. 그러나 내 기대와는 달리 둘은 그리 오래 가지는 못 했다.

별이는 남자친구에 대한 관심이 많았다. 중학교 2학년 때는 다리 골절로 병원에 1주일을 입원하였는데, 먼 곳에서 매일 찾아오는 남자친구도 있었다. 중학생 때도 고등학생 때도 늘 남자친구를 사귀는 것 같았다. 그러나 남자친구와 사귐이 길게 가지는 않았다.

나는 가까운 곳에서 자주 만나본 또래 친구를 사귀길 권했지만 별이의 친구 사귐의 폭은 늘 내 생각을 뛰어넘었다. 지역도 다양하고 나이 차이도 다양한 친구를 사귀는 것이 늘 염려가 되었지만 부모 손 밖의 일이었다.

사춘기 청소년들의 연애는 뇌에서 분비되는 호르몬과 깊은 관련이 있다. 열 살 전후에는 안드로겐이라는 뇌의 호르몬이 생성되는데, 이는 연애에 눈을 뜨는 현상과 깊은 관련이 있다. 특히 안드로겐 중에 DHEA의 증가는 사춘기 소년 소녀가 첫눈에 반하는 낭만적인 감정을 만드는 데 큰 역할을 한다. 바로 이 시기에 첫 눈에 반하거나 사랑에 빠지는 경험을 하게 된다.

사랑에 빠지는 것은 이성적인 활동이 아니라 감성적인 영역이다. 특히 청소년들에게는 이성적인 전전두엽의 영역이 아니라 대뇌변연계 중 편도체의 영역이다. 편도체는 충동이나 분노를 담당한다. 그래서 충동이 잘 억제되지 않는다. 반면에 사랑에 빠졌을 때 기분을 전환시키는 세로토닌, 유쾌한 기분을 촉진하는 도파민 등의 호르몬이 뇌에서 방출된다. 마치 코카인 등의 약물을 투입한 것처럼 뇌가 흥분하고 기분 좋은 상태를 갖게 된다.

그러나 호르몬의 방출이 영원히 유지될 수 없기 때문에 청소년기의 사랑은 짧다. 여러 연구에 의하면 청소년기에 사랑과 같은 강렬한 감정은 성인의 뇌보다 청소년기의 뇌에서 훨씬 짧게 나타난다. 청소년들이 사랑에 빠지는 평균 기간은 3~4개월이다. 그래서 청소년들은 불같은 열정으로 쉽게 사랑에 빠졌다가도 금방 식게 되고, 또다시 다른 친구를 만나 사랑에 빠지게 된다. 청소년기의 열정적 사랑은 그리 길지 않다.

청소년기 사랑의 주기가 짧다고 해서 성인이 되어서 사랑을 유지하지 못 하는 것은 아니다. 사랑을 유지하기 위해서는 뇌에서 사랑에 빠지는 것과 다른 호르몬이 분출된다. 소녀들은 사랑을 유지하기 위해 옥시토신이라는 호르몬이 분비되는데, 이는 친밀한 관계나 온화한 사랑을 맺는 데 중요한 역할을 한다. 소년들은 사랑을 유지하기 위해 소녀와 달리 바소프레신이라는 호르몬이 생산되는데, 배우자에 대한 신뢰나 애착관계에 중요한 역할을 한다.

나는 별이에게 남자친구의 자격 두 가지를 자주 이야기하곤 했다.

"별아, 아빠는 이런 남자를 친구로 사귀면 좋겠어.

첫째, 너를 정말 존중하는 사람이야. 너의 의견을 존중하고 너의 마음과 몸을 존중하고 보호해 줄 그런 사람을 만나면 좋겠어. 남자들 중에는 너를 존중하고 너를 소중히 여기지 않고 너의 몸에만 관심을 갖는 사람들도 많단다.

둘째, 네가 존경할 만한 사람이야. 어느 면에서든지 네가 존경할 만하다거나 닮고 싶다고 생각할 부분이 있는 사람을 만나면 좋겠어."

다양한 만남이 별이가 남자친구를 선택하는 기준을 높여 주었으면 좋겠다. 부모의 마음에도 쏙 드는 남자친구를 당당하게 데려올 그날을 기대하며 기다려 본다.

진주는 조개 속에 모래알이 굴러들어 오면서 시작된다. 조개 속에 모래알이 들어오면 조개는 아파서 탄산칼슘을 생성하는데, 이것이 모래알을 둘러싸기 시작한다. 시간이 지나서 진주가 커질수록 조개는 그만큼 큰 고통을 겪는다.

특성화고등학교 1학년 진주도 그만큼 아픔을 겪었다.

Q : 이성 친구를 사귄 적이 있거나 현재 사귀고 있나요?

A : 초등학생 때도 남자친구가 있었고 본격적으로 사귄 것은 중2 때부터예요. 진심으로 연애를 했다고 느꼈던 경우는 2~3명 정도 되는 것 같아요.

저는 이상형이 듬직한 남자예요. 이런 이상형을 갖게 된 이유는, 옛날에 언니 오빠들한테 집단으로 폭행을 당했었는데, 그때 이후 저를 지켜 줄 수 있는 듬직한 남자를 이상형으로 생각하게 되었어요. 솔직히 좋아한다기보다는 저를 지켜 줄 사람이 필요했던 것 같아요.

중2 때 사귄 친구가 갑자기 씻고 있는 제 알몸 동영상을 찍은 거예요. 마지막으로 싸우고 헤어지려고 할 때 "네 동영상 다 뿌릴 테니까 네가 알아서 그 뿌린 거를 다 지우고 다녀." 라고 했을 때 정말 힘들었어요.

Q : 이성 친구를 사귈 때 기분은 어떠했나요?

A : 연애를 하면 행복하다기보다는 안 좋게 끝나면 어떡하지? 또 애랑 끝나면 어떡하지? 뭔가 이제 얘 나 질린 것 같다. 이런 생각만 되게 많아지는 것 같아요.

Q : 이성 친구를 사귀는 것이 정신적, 신체적, 생활면에서 어떤 긍정적, 부정적 영향을 주나요?

A : 긍정적인 부분은 아주 초반에는 그 친구가 저 되게 예뻐해 주고, 만나면 행복하고, 시간 가는 줄도 모르겠고, 그런 부분은 긍정적인 부분인 것 같아요.

안 좋은 부분은 요즘에는 어린 애들이 가출 같은 것도 많이 하고, 불법적인 일도 많이 하는 애들이다 보니 남자들이 되게 쉽게 봐요. 건드리기 쉬운 상대가 돼 버려요. 집을 나와 있으면 우리 집에서 재워 줄 게 하면서 성적으로 쉽게 다가갈 수 있으니까, 그런 사람들이 너무 많아서 잘 구분해야 돼요. 그래서 이제는 연애를 쉽게 못 하는 것 같아요.

Q : 지금은 어떻게 하고 있나요?

A : 얼마 전부터 남자친구를 사귀고 있어요. 지금은 초반이니까 다 좋을 수밖에 없어요. 솔직히 제가 만났던 사람들이 거의 좋은 사람들은 아니었어요. 그러다 보니 남자친구를 진짜 너무 믿고 싶은데, 전에 만났던 경험 때문에 얘도 혹시 걔네랑 똑같지 않을까

걱정하는 마음이 있어요.

Q : 이성 친구를 사귀는 문제로 고민하는 친구들에게 어떤 말을 건네고 싶나요?

A : 고민해 보라고 하고 싶어요. 중학교 1, 2학년 때까지는 쉽게 쉽게 마음 줄 수 있다고 생각해요. 중3 올라가기 시작해서부터는 거의 사춘기도 끝나가고 애들이 성숙해질 시간이 되어서 장난 식으로 했다가는 생각보다 큰 상처를 받을 수 있으니까 진지하게 잘 생각해 보고 연애를 했으면 좋겠어요.

가출을 했을 때는 원하지 않는 관계를 맺게 되는 경우가 많아요. 어떻게든 잘 곳이 필요하니까, 오빠들이 관계를 하자 하면 거부하기가 어려워요. 안 해 주면 버림을 받을 것 같아서 이번만 참고 하면 여기서 계속 지낼 수 있겠지, 하는 식으로 생각했다가 결국 헤어나올 수가 없게 되요.

Q : 가족, 친구, 선생님 등 지인들이 어떻게 도와주면 좋을까요?

A : 솔직히, 제일 도움이 되는 초기의 방법은 가출을 막는 것밖에 없는 것 같아요.

Q : 이성 친구를 사귀는 나에게, 부모님께 드리고 싶은 말이 있나요?

A : 앞으로는 내가 안 그랬으면 좋겠어요. 좀 더 마음이 단단해

졌으면 좋겠어요. 또 자기 몸을 소중히 여겼으면 좋겠어요. 엄마 아빠는 저를 낳으시고 몇 년 동안 엄청 예쁘게 키우셨을 텐데, 제가 그 몸을 한 번에 망쳐버린 거잖아요. 부모님께는 큰 상처를 드린 것 같아서 너무 죄송해요.

　Q : 이성 친구가 있는 친구들 부모님에게 어떤 말씀을 드리고 싶나요?

　A : 이성 친구가 어떻게 보면 사랑이랑 되게 관련 있잖아요. 되게 사랑받고 싶어 했겠구나, 라고 저는 느껴져서 자녀를 많이 사랑해 주셨으면 좋겠어요.

○　　　별들의 소리　　　○

　선명한 쌍꺼풀과 오뚝한 코, 웃음이 가시지 않는 눈매, 누구에게나 호감을 주는 귀여운 얼굴의 가을이는 고등학교 2학년이다. 예쁜 얼굴에 마음 둘 곳이 없어서 일찍부터 남자친구를 사귀었는지 모르겠다.

　Q : 이성 친구를 사귄 적이 있거나 현재 사귀고 있나요?

　A : 저는 초등학교 6학년 때 이틀 사귄 남자애가 처음이었고요. 그다음에 중학교 올라가서는 진짜 일주일에 한 번씩 바뀌었어요.

남자친구에게 고백을 받았는데 금방 차였어요. 그래서 연애를 오래 해본 적이 거의 없어요. 제가 좀 애정결핍이 심해서 집착이 되게 심해요. 그것 때문에 좀 부담스러워 하는 부분도 있었던 것 같아요.

Q : 이성 친구를 사귈 때의 감정은 어떠했나요?

A : 저는 사귈 때는 너무너무 좋고, 그 애가 제 세상의 전부인 것 같고, 근데 또 헤어지면 나쁜 친구고 이렇게 극단적으로 갔어요. 완전 개 없으면 죽을 것 같이 굴다가 조금 지나면 다른 친구를 사귀어요. 제가 30명을 넘게 사귀었는데, 그중에 20명은 그랬어요.

Q : 이성 친구를 사귀는 것이 정신적, 신체적, 생활면에서 어떤 긍정적, 부정적 영향을 주나요?

A : 저의 일상을 공유하는 사람이 생겨서 너무 좋았어요. 저의 일상에 스며들어온 사람이 생겨서 너무 좋았고, 그 사람은 저랑 평생 함께 있을 것 같아서 보기만 해도 행복했어요. 그런데 제가 그 사람 돈을 엄청 많이 쓰기도 했고, 그 사람이 저를 성적 도구로 본 적도 있었어요. 나를 때린 적도 있고, 나랑 사귀면서 다른 애랑 사귄 사람도 있었어요. 그런 것 때문에 좀 상처를 많이 받았었죠.

Q : 지금은 어떻게 하고 있나요?

A : 지금은 약간 거리를 두고 있는 편이에요. 거리를 두고 보면

그 사람의 장점과 단점을 함께 판단할 수 있거든요.

Q : 이성 친구 때문에 부모님과 어려움을 겪진 않았나요?

A : 부모님이 굉장히 싫어하셨어요. 이성 친구를 사귀는 걸, 거의 연애금지령을 내릴 정도로 완전 싫어하셨는데, 그 문제로 중3, 고1 때는 엄청 많이 싸웠어요.

남자들이 아무래도 스킨십을 원하는 관계가 많잖아요. 저는 그런 것에 거의 문외한이어서 하자는 대로 했던 경험이 몇 번 있어요. 그런 걸 말씀을 드렸고 부모님이 걱정을 많이 하셨어요.

Q : 이성 친구를 사귀는 나에게, 이성 친구를 사귈지 고민하는 친구들에게 어떤 말을 건네고 싶나요?

A : 지금 당장은 그 사람 아니면 진짜 죽을 것 같거든요. 이 사람이랑 헤어지면 그냥 죽어버려야겠다 생각이 들어요. 근데 헤어지고 나면 이름도 기억 안 나요. 진짜로 너무 그 사람 하나에 매달리지 않아도 괜찮아요. 왜냐하면 그 자체로 온전한 나를 좋아해 줄 사람은 충분히 많고 넘치니까.

Q : 이성 친구가 있는 친구들에게 어떤 말을 해 주고 싶나요?

A : 일단 서로간의 거리가 중요하고요. 무슨 일이 있어도 청소년에게 허락되지 않은 행위를 하는 건 절대 안 돼요. 담배, 술, 성관계 등 허락되지 않은 건 해서는 안 돼요. 상대방을 진정으로 배

려한다면 그런 거 다 안 하는 게 맞다고 생각해요.

사람은 오래 봐야 돼요. 그 사람이 어떤 걸 좋아하는지, 어떤 부분을 싫어하는지 이런 것도 알아야 돼요. 저는 예전에 하루 만에 고백하고 사귀고 그렇게 했었거든요. 요새는 썸을 오래 타요. 그렇게 해야 서로를 좀 더 존중할 수 있게 되는 것 같아요.

노트북은 이제 그만하고 자렴

요즘 부모들이 자녀를 키우면서 가장 많이 겪는 어려움이 전자기기와 관련된 갈등이다. 청소년은 물론이고 초등학생 중에도 휴대전화를 가지고 있는 어린이가 많으니 휴대전화와 컴퓨터를 어떻게 사용하느냐에 따라 부모와 자녀들의 관계가 어려움을 겪게 된다. 그러다 보니 어떤 집은 휴대전화나 컴퓨터가 몇 번 부서지기도 하고 인터넷 선을 자르기도 한다. 우리 집도 예외는 아니다.

별이는 중학생이 되면서 인터넷 게임에 맛을 들이기 시작했다. 학교를 마쳐도 제시간에 귀가하지 않거나 주말에도 친구들과 몰려다니며 PC방을 다니기 일쑤였다.

"별아 어디니?"

"PC방이야."

"지금 몇 시인데 아직도 거기에 있니?"

학교수업이 끝난 지 다섯 시간이 넘어 밤이 깊어가는 데도 별이는 집에 들어올 생각을 않는 것이다.

"조금만 하고 막차 타고 들어갈게."

"저녁은 먹었니?"

"PC방에서 라면 사서 먹었어."

PC방을 다니기 시작하면서 친구들과 몰려다니고, 식사도 제때에 잘 먹지 못 하고, 귀가시간도 늦어지면서 일상생활이 많이 흔들리기 시작했다. 별이가 늦게까지 집에 들어오지 않거나 연락이 안 되면 아이를 찾아 이곳저곳 PC방을 뒤지며 다니는 날도 있었다.

별이 동생은 중학생이 됐을 때 코로나19로 온라인수업을 해야 해서 노트북을 갖게 됐고, 휴대전화는 초등학교를 졸업하면서 샀었다. 처음에는 저녁 9시에 휴대폰을 반납한 뒤에 잠자리에 들기로 했는데, 조금씩 늦어지기 시작하더니 결국 중학교 2학년 때는 친구들과의 소통을 들먹이면서 잘 때 휴대전화와 노트북을 반납하지 않겠다고 선언한 것이다.

"밤에 뭘 하려고 핸드폰과 노트북을 안 내겠다는 거니?"

"드라마 동영상도 보고 게임도 하고 채팅도 하려고요."

"아들아, 너희들처럼 성장하는 시기에는 제 시간에 자야 한단다. 그러니 핸드폰과 노트북을 내고 이제 그만 잠자리에 들거라."

"친구 중에는 핸드폰을 가지고 자는 애들 많아요. 그런데 왜 저만 내야 해요?"

"우리 집에서는 저녁에 핸드폰과 노트북을 내고 자기로 했잖니? 그렇게 하기로 하고 샀고."

"저는 찬성한 적 없어요. 왜 다른 애들은 내지 않는데 저만 내느냐고요"

"안 내고 자는 애들도 있지만 내고 자는 애들도 많아. 그리고 일정한 시간에 자야 다음날 일상생활을 잘 할 수 있어."

"그래도 제 것이니까 제가 가지고 있을 거예요."

휴대전화나 노트북에 관한 이야기는 늘 쳇바퀴 돌 듯 아들과의 대화는 진전이 없었다. 한번 휴대전화와 노트북을 가지고 자면서부터는 어떤 말도 소용이 없게 되었다. 책과는 멀어진 채, 새벽 두세 시까지 게임을 하고 영상을 보고 친구들과 전화하며 보내는 날이 계속 되었다. 이전에는 아침 7시 이전에 일어나던 아이가 노트북을 가지고 자면서부터는 아침에 깨우지 않으면 일어나지 못 하고, 깨워도 눈이 벌건 채로 등교하는 날이 많아졌다. 잠을 자지 않으니 머리가 아프다며 학교생활도 제대로 못 하고 일상이 무너지고 있었다.

더 이상 두고 볼 수가 없어서 아들에게 최후통첩을 하였다.

"아들아, 12시 이전에 자도록 하렴. 그렇게 하지 않으면 노트북을 줄 수 없다."

최후통첩에도 아들의 행동이 크게 바뀌지는 않았다. 우리가 이런 문제로 고민을 하고 있던 어느 날, 셋째 별이가 오랜만에 집에 왔다. 그날 밤 막내 동생과 한 시간 정도 대화를 나누었다. 그런데 이게 웬일인가? 막내아들은 그 다음날부터 밤에 휴대전화와 노트북을 꼬박꼬박 반납하고 잠자리에 드는 것이 아닌가? 아들에게 어떻게 해서 휴대전화를 내기로 마음먹었는지 물어보았다.

"아빠, 핸드폰과 노트북 안 내면 다음에 누나한테 맞아 죽어요."

'하하하. 과연 별이가 쎄구나!'

나는 안다. 아들이 별이 누나를 얼마나 좋아하는지를. 아들이 누나에 대해 신뢰하고 좋아하는 마음이 있기 때문에 누나의 말을 들었다는 것을. 전에 아들이 가족 한 사람 한 사람씩 찰흙 만들기를 할 때 가장 먼저 별이를 작품으로 만들면서 가족 중에서 별이 누나가 가장 좋다고 이야기 했었다.

아이들을 양육할 때 아이를 믿고 큰 간섭 없이 아이가 하는 것을 먼발치에서 지켜보기만 하는 부모들이 있다. 어릴 때부터 컴퓨터나 휴대전화를 자유롭게 하도록 두는 경우이다. 어떻게 보면 방임에 가까운 것처럼 보이기도 한다. 이 경우 많은 아이가 부모로부터 자유를 즐기면서 별 탈 없이 자란다.

그러나 어떤 경우는 어른이 되어서도 자신의 삶에서 욕구를 절제하지 못 하거나 청소년기의 습관을 그대로 가지고 있는 일도 있다.

한편, 아이의 행동 하나하나에 관심을 가지고 어릴 때는 어느 정도 교육과 행동의 테두리가 필요하다고 생각하는 부모들도 많다. 자녀의 컴퓨터나 휴대전화 사용시간을 부모가 관리하는 경우이다. 자녀에게 아무런 가르침도 없으면 마치 부모의 역할을 포기하는 것처럼 느껴지기도 한다. 이 경우 테두리를 정함에 있어서 자녀와 부모의 의견이 달라서 갈등을 빚기도 한다.

어떤 양육 방식을 택하든 그것은 그 가정의 몫이고 그 결과에 대한 책임도 부모와 자녀가 져야 하는 부담이다. 자유방임형을 택하든 적절한 통제형을 택하든 부모와 자녀의 신뢰 관계가 무너지지 않도록 하는 것이 중요하다. 부모와 자녀의 신뢰 관계가 든든하면 좀 자유롭게 둔다고 해도, 또 좀 통제한다고 해도 아이들은 큰 탈 없이 자랄 수 있을 것이다.

오랫동안 교제를 이어오는 권 선교사님은 페루에서 선교를 하고 계신다. 컴퓨터를 전공하신 권 선교사님은 컴퓨터 활용법을 가르치기도 하신다. 몇 년 전 그분을 만났을 때 하셨던 말씀이 깊은 인상으로 남아 있다.

"선생님, 요즘 애들은 게임을 하면서 채팅하고 소통해요. 앞으로 비즈니스에서는 지금 아이들이 하듯이 게임 속에서 채팅하면서 비즈니스 하는 환경이 넓혀질 거예요. 게임을 못 하거나 게임을 하면서 채팅하는 일을 못 하는 아이들은 비즈니스가 어려운 시대가 올 거예요."

허허, 정말 그런 시대가 오려나?

일반계고등학교 1학년인 정식이는 이번 학기에 학교를 제대로 나간 날이 별로 없다. 밤새 게임을 하느라 아침에 잘 일어날 수 없었기 때문이다. 아니 학교에 갈 마음이 없었기 때문이다.

Q : 핸드폰이나 컴퓨터를 얼마나 사용하나요?

A : 저는 중3 때부터 게임을 많이 했어요. 2학기에는 학교에 지각도 많이 했어요. 그때부터 맛이 들려서 고등학교까지 계속 이어지고 있어요.

저는 고1인데 이번 학기에 거의 유급을 당할 정도로 결석을 많이 했어요. 40~50일을 한 것 같아요. 학교 가기 싫은 것도 있고 밤 늦게까지 게임하다 보면 아침에 자고 오후 두세 시쯤 일어나요. 어차피 학교 가도 늦었으니까 그냥 무단결석을 계속하는 것 같아요. 그러다 보니 점점 학교가기 싫어졌어요. 결석을 할 때는 학교 안 가는 애들이 있어서 일주일에 한 4일 정도 그 애들이랑 만나서 놀고 계속 그렇게 반복인 것 같아요.

평소에 롤게임 '리그 오브 레전드'를 주로 해요. 하루에 8~9시간, 많을 때는 10시간 넘게 해요. 일주일에 두세 번 밤새 게임을 해요. 게임이 끝나면 네 다섯 시가 돼요. 그 다음에 유튜브를 좀 보다가 일곱 시쯤 잠들어요. 레벨을 올리고 나면 희열이 있어요.

가끔씩 부모님이 담임샘으로부터 문자를 받아요. 부모님은 선생님한테 학교 늦게 간다 하고, 병원에 갔다거나 아파서 못 가겠다고 말하라고 해요. 너무 학교를 안 가니까 포기하신 것 같아요. 며칠 전에는 선생님이 엄마랑 아빠한테 말씀하셔서 좀 혼나고, 부모님은 자퇴하라고까지 말씀하셨어요. 저는 솔직히 이제부터 학교 잘 다니면 되는 거라고 생각하고 자퇴하면 안 될 것 같아요.

Q : 게임할 때의 마음은 어떠하나요?

A : 이기면 좋고 지면 좀 화나요. 지면 다 복구해야 된다는 생각을 계속하는 것 같아요. 게임에 지면 팀 점수가 내려가요. 그것 때문에 화가 나요. 팀이 못 해서 지면 화가 나고 채팅으로 욕도 해요.

Q : 컴퓨터의 과다 사용으로 건강에 어떤 어려움이 있고, 부모님과는 어떤 갈등이 있나요?

A : 가끔씩 게임 많이 할 때 머리가 아프고, 허리도 좀 아프고 그래요. 게임 외에는 귀찮고 그냥 아침에 일찍 일어나는 것도 힘들고, 그래서 무단결석을 계속 해요. 중2 때는 게임 안에서 사기를 당하기도 해서 정신적으로 스트레스를 많이 받았어요. 그리고 디스코드라는 곳에서 제가 방을 만들었는데, 누군가가 방을 테러해서 스트레스를 받았어요.

중3 때는 새벽마다 시끄럽게 해서 엄마가 계속 제 방에 찾아오세요. "너만 안 자냐?"고 하면서 뭐라 하시고, 저도 게임 졌으니까 화나서 엄마한테 말대꾸하고 계속 싸우다가 끝나요. 중3 때는 자주 반복되었어요.

Q : 지금은 어떻게 하고 있나요?

A : 게임이 끝나고 나면 '시간을 헛되게 썼구나.' 하고 후회가 되고, 그걸 알면서도 맨날 하는 제 자신이 부끄러워요. 앞으로 저도 유급당하면 자퇴하려고 해요. 유급을 당할 수는 없으니까 게임 좀 줄이면서 학교도 잘 나가고 싶은데, 그게 제 마음대로 되지 않아요. 일주일에 두세 번은 갈 생각하고 있는데, 웬만하면 다 가야될 것 같아요. 결석이 아니라 지각, 조퇴라도 해보려고요.

Q : 컴퓨터 과다 사용의 부작용을 아는데, 왜 계속 반복해서 하게 되나요?

A : 게임을 안 하면 너무 할 게 없어요. 집에서 공부를 하고 싶어도 공부가 제 뜻대로 되는 게 아니라 대부분 공부는 학교 가서 배우는 것으로 인식되어서 집에서는 공부가 아예 안 되더라고요.

Q : 가족, 친구, 선생님 등 지인들이 어떻게 도와주면 좋을까요?

A : 엄마랑 아빠가 제가 지금 가지고 있는 컴퓨터와 휴대전화를 다 뺏어가면 제가 정신 차리고 다니지 않을까 하고 생각해 봐요. 부모님이 계속 안 돌려 주시면 며칠 정도 겨루다가 제가 포기하겠죠. 학교에선 선생님께서 징계 같은 거 하면 정신 차릴 것 같아요.

Q : 컴퓨터 게임을 많이 하는 나 자신에게 그리고 부모님께 어떤 말씀을 드리고 싶나요?

A : 벌써 고등학생인데, 다른 걸 하는 것도 없으니까 밤에 앉아서 놀고, 먹고, 게임하고 그러는 거니까 이제 정신 차리고 공부했으면 좋겠어요. 이제부터라도 생활 패턴을 바꿔서 좀 빨리 자고 아침에 게임하는 식으로 생활 패턴을 바꿔야 될 것 같아요. 적어도 2시 안에는 자야 될 것 같아요.

그냥 계정을 지워버리면 복구가 불가능해서 정신을 차리지 않을까 생각해요. 그런데 제 스스로는 아까워서 못 지울 것 같아요. 캐릭터마다 옷을 갈아입을 수 있어요. 그 스킨을 300만 원 정도 샀거든요.

부모님께는 솔직히 미안하긴 하죠. 너무 미안하긴 한데 본능적으로 움직이다 보니까 계속 반복되고 익숙해져서 마음도 말을 듣지도 않아요.

Q : 핸드폰이나 컴퓨터를 과다 사용하는 친구들에게 어떤 말을 해 주고 싶나요?

A : '게임은 게임일 뿐 너무 몰입되지 말자. 게임에 너무 매달지 말자. 게임에 인생을 낭비하지 말고 차라리 다른 데 시간을 쓰는 게 낫다'고 말하고 싶어요. 게임을 적당히만 하면 괜찮을 것 같아요. 하루에 두시간 정도. 스스로 조절하면 좋은데 그게 사실 어려워요.

Q : 핸드폰이나 컴퓨터를 조절하고 통제할 방법이 있나요?

A : 게임은 제가 조절을 못 해서 학교도 안 가고 계속 게임을 해요. 게임 오래 한다고 게임 탓할 게 아니라 자기 자신을 보지 못 한 자기를 탓해야 되지 않을까 생각해요.

게임을 하다 보면 가끔 질릴 때가 있거든요. 그때 그만하는 게 좋을 것 같아요. 저도 몇 달 전에 질려서 안 하다가 갑자기 하고 싶어져서 계속 하게 되었어요. 질렸을 때는 12시쯤 자서 7시에 일어나 준비하고 학교를 잘 다녔던 것 같아요. 그럴 때를 계기로 삼아서 게임을 끊거나 줄여야 해요.

별들의 소리

자그마한 체구에 안경 너머로 보이는 맑은 눈. 다소 수줍어 하는 일반계 고등학교 1학년인 영호는 '범생이 스타일'이지만 게임 또한 랭킹을 달린다.

Q : 핸드폰이나 컴퓨터를 얼마나 사용하였나요?

A : 평일에 서너 시간 컴퓨터 게임을 해요. 주로 친구들과 게임 리그 오브 레전드를 해요. 저는 게임을 잘하는 편이예요. 지금은 상위 5% 이내예요.

초등학생 때부터 중학교 2학년 때까지는 프로게이머가 꿈이었어요. 그때는 학교 끝나고 집 들어가자마자 바로 했던 것 같아요 초등학교 6학년 때와 중1 때가 게임을 제일 많이 했었어요. 그 때는 새벽 3시까지 게임을 하고 잠깐 자고 학교에 등교했어요. 하루에 세 시간 정도 잤었어요.

Q : 게임할 때 마음은 어떠했나요?

A : 지는 날은 별로 안 좋았고 이기는 날은 엄청 좋았던 것 같아요.

Q : 프로게이머를 꿈꾸다가 꿈을 접은 이유가 있나요?

A : 옛날에는 한동안 높은 레벨인 상위 10% 안에 올랐어요. 그런데 그 위로 못 올라가서 그냥 포기했어요. 어느 정도는 올라가는데, 아무리 노력해도 거기에서 더 이상 올라가는 게 쉽지 않더라구요. 내 실력으로 더 이상 오르기가 쉽지 않겠다고 생각되어 프로게이머 꿈을 접었어요. 그 후 게임시간을 많이 줄였어요.

Q : 컴퓨터 과다 사용으로 건강에 어떤 어려움이 있고, 부모님과 어떤 갈등이 있었나요?

A : 일단 많이 사용하면 건강이 너무 안 좋아져요. 잠을 못 자고 눈도 안 좋아지니까, 건강이 너무 안 좋아지는 것 같아요.

중학교 1, 2학년 때는 부모님이 밤에 게임 그만하고 빨리 자라고 해서 그 때문에 많이 싸웠어요. 부모님이 방에 들어와 컴퓨터

전원을 끊는 경우도 있고 이러다가 나중에 뭐 될 거냐고 잔소리를 많이 하셨어요. 그러면 제가 화를 많이 냈죠. 지금은 전보다 많이 하지 않아요.

Q : 핸드폰이나 컴퓨터의 과다 사용에 대해 지금은 어떻게 생각하나요?

A : 애들이랑 밖에서 노는 게 더 좋은 것 같은데, 게임에 너무 집중을 많이 해 다른 걸 신경 못 쓰는 경우가 많은 것 같아요.

Q : 가족이나 부모님이 어떻게 도와주면 좋을까요?

A : 솔직히 프로게이머 쪽으로 밀어 주시면 지금은 할 수 있을 것 같다는 생각이 들어요. 그런데 부모님이 프로게이머에 대해 안 좋은 쪽으로 생각하셔서 많이 반대하세요.

Q : 핸드폰이나 컴퓨터를 과다하게 사용하는 나와 부모님께 어떤 말씀을 드리고 싶나요?

A : 아직 프로게이머의 꿈을 놓지 않아서 조금만 더 노력해 보자 하는 마음이 있어요. 지금은 랭킹 상위 10%에서 5%로 올라갔거든요. 애들이랑 놀면서 취미로 하니까 더 잘 되는 것 같아요.

부모님께는 요즘은 게임 많이 안 하니까 걱정하지 말라고 말씀드리고 싶어요. 게임 좀 할 수 있도록 밀어달라는 것과 게임을 많이 안 하니 걱정 말라는 두 가지 마음이 같이 있어요.

Q : 핸드폰이나 컴퓨터를 과다 사용 하는 친구들에게 어떤 말을 해 주고 싶나요?

A : 친구들에게는 어차피 많이 해도 재능 없으면 랭킹 못 올리니까 적당히 하라고 말하고 싶어요. 컴퓨터나 핸드폰을 자기가 자제할 수 없을 정도로 중독돼서 계속하는 친구들은 주변에서 많은 도움을 줘야 될 것 같아요. 그리고 자기가 정신을 좀 차려야 해요.

언니, 지금 어디야? 내가 당장 갈게

남들에게 나를 소개할 때 빼먹지 않는 게 있다. 어쩌면 제일 먼저 소개하는 부분이기도 하다.

"저는 아이가 넷입니다. 딸 셋, 아들 하나입니다."

"하나 낳아 잘 기르자"는 시대에는 자녀가 많다는 것이 미개한 듯 생각되던 때도 있었지만 저출산시대인 지금은 자녀가 넷이라고 하면 '애국자'라는 이야기까지 듣곤 한다. 거기다가 딸 셋이라고 하면 모두들 부러운 눈으로 한 번 더 쳐다 본다.

"좋으시겠습니다. 앞으로 세계일주 하시겠네요."

네 아이를 두고 있다는 것도 좋은 일이지만 그 아이들이 나름 사이가 괜찮은 편이라 그것도 부모로서는 기쁜 일이다. 자라나면서 서로 싸우기도 하고 갈등도 있었지만 그러면서 다른 사람과 더불어 사는 지혜도 배우게 되었을 것이다.

대학을 졸업한 첫째와 둘째 딸은 서울에서 투룸을 얻어 2년을 같이 생활하기도 했고, 지금은 서로 직장이 멀어서 따로 살면서도 어느 날은 흩어져 사는 세 딸이 서울에서 번개로 만났다는 이야기를 들으면 저절로 미소가 지어지기도 한다.

지난여름에는 가족여행을 계획하고 있는데도 그것을 못 참고 가족여행 2주 전에 딸 셋만의 여행을 떠나기도 하였다. 셋이서 무슨 이야기를 하며 밤을 지새웠을지 궁금하다. 셋이서 찍은 사진을 보노라면 내 얼굴에 미소가 가시지 않는다.

딸 중에서도 별이는 의리파에 속한다. 친구들 사이에서도 그런 편이다. 큰딸이 처음 회사에 입사해 생활하는 데 어려움이 많았던 것 같았다. 특히 큰 딸보다 조금 일찍 입사한 선임 사원이 딸을 여러 가지로 힘들게 했는데, 관계가 많이 힘들어지니 스트레스가 쌓이고 밥맛까지 잃을 지경이었다.

"별아, 요즘 잘 지내니?"

밤 12시. 늦은 밤에 힘없는 목소리가 휴대폰 너머로 별이에게 들려왔다.

"응 언니, 그런데 목소리가 왜 그래. 무슨 일이야."

"별일 아니야. 그냥 회사생활이 힘들어서 그래."

회사생활이 힘들었던 큰 딸이 멀리 있는 고등학생인 셋째 별이에게 전화를 한 것이다.

"언니 말해봐! 회사에서 무슨 일이 있었어? 누가 힘들게 하는 사람 있어?"

"그냥. 우리 부서의 직원 하나가 날 힘들게 해. 밥맛도 없고 힘드

네."

"언니, 많이 힘들구나. 지금 집이야? 먹고 싶은 거 뭐 있어? 지금 택시 타고 갈게."

별이는 큰 언니가 힘들다는 말에 밤 12시에 택시 타고 언니에게 가겠다고 했다는 것이다. 당장 언니에게 달려갈 기세였다.

당장 달려오겠다는 별이의 말에 큰딸은 코끝이 찡하고 눈에서 눈물이 배어 나왔다.

"괜찮아, 별아. 밤 12시에 여길 어떻게 오겠다는 거야. 네 말만으로도 언니가 큰 위로가 된다."

큰딸은 핸드폰 너머로 들리는 별이의 목소리가 바로 옆에서 자신을 위로하는 듯했다.

그 일이 있은 지 몇 달 후, 이번에는 한밤중에 큰 언니에게 별이로부터 전화가 왔다.

"언니, 흑흑흑."

"별아, 왜 그래. 무슨 일이야?"

"언니, 너무 힘들어. 흑흑흑. 살기가 너무 힘들어."

"별아 울지 마. 언니가 지금 당장 갈게. 지금 어디니?"

언니는 몇 달 전 별이가 그랬던 것처럼 지금 당장 달려가겠다고 이야기를 했다. 별이는 언니와 한참 동안 이야기를 나눈 후에야 진정되었다.

인생은 만남과 헤어짐의 연속이다. 이 소중한 인생의 섭리를 알면서도 헤어진다는 것은 쉽지 않다. 만남의 기쁨이 크면 클수록 헤어짐의 아픔도 크다. 대학생이 된 둘째 딸이 몇 년을 사귀던 남자친구와 헤어지게 되었다. 딸은 이별이 힘들어 눈물짓는 날이 많았다. 힘겨운 시간을 보내던 어느 날 밤늦게 동생 별이에게 전화했다.

"별아, 학교생활 잘하고 있니?"

"나야 그저 그렇지 뭐. 그런데 언니, 목소리가 왜 그래? 무슨 일 있어?"

별이는 슬픔이 배어 있는 힘없는 언니의 목소리에 낌새를 알아차린 것이다.

"아냐, 별일 없어."

"별일 없기는. 아닌 것 같은데. 왜 누구랑 싸웠어? 아니면 그 오빠랑 싸웠어?"

별일 없다는 언니에게 별이는 꼬치꼬치 캐물은 것이다.

"우리 헤어졌어."

"언니가 찼어? 아주 잘 찼어. 언니가 훨씬 아까워. 언니 좋아해 줄 사람 세상에 널리고 널렸어. 그 딴 놈한테는 눈물도 아까워. 언니 괜찮아? 지금 어디야? 당장 갈게."

별이는 당장이라도 언니에게 달려갈 기세였다. 언니는 당장 오겠다는 별이를 극구 만류하고, 별이와 함께 전화로 헤어진 남친 욕을 하며 마음을 달랬다. 언니가 헤어졌다는 한마디에 이유도 듣지 않고 욕부터 해 주는 동생이 내심 든든하고 고마웠다. 잘잘못을 따지고 중립을 지키는 합리적인 위로에서는 느낄 수 없는 통쾌함이 있었던 것이다.

삶은 행복과 불행이 상존하고 교차하면서 이어진다. 어떤 사람에게는 불행이 잠깐 머물다 지나가지만 어떤 사람에게는 불행이 끝 모를 나락으로 자신을 밀어넣기도 한다. 외적으로는 같은 어려움이지만 내적으로 그 무게는 각자 크게 다를 수 있다. 가장 큰 차이는 자신 주위에 자기 손을 잡아 줄 사람이 얼마나 있느냐이다.

불행이 잠깐 머물다 가는 사람은 자신의 주위에 자신을 지지해 주고 공감해 주고 위로해 줄 사람이 많다. 손을 내밀면 내 손을 잡아 줄 사람들이 많다.

불행에 끝없는 바닥으로 떨어지는 사람은 자신 주위에 자신을 지지해 주고 공감해 주고 위로해 줄 사람이 거의 없다. 손을 내밀 용기도 힘도 부족하고 내민 손을 잡아 줄 사람도 많지 않다.

언니들의 내민 손을 잡아 주는 별이. 별이가 내민 손을 잡아 주는 언니들. 이렇게 죽이 잘 맞는 딸들이 나는 고맙다.

아빠, 걱정마! 별이보다 더 한 애들도 잘 커

별이의 사춘기!

두 언니와 전혀 다른 행동에 나와 아내는 걱정되고 당황하고 놀라는 때가 한두 번이 아니었다. 그럴 때면 나와 아내 둘만의 힘으로는 별이를 감당하기가 버거웠다. 그래서 어려울 때면 대학생인 큰딸에게 전화했다.

큰 딸에게 전화하는 것은 우리의 어려움을 알아달라는 하소연이기도 하고, 우리에게 너무 버거우니 네가 나서서 좀 해결해 달라는 호소이기도 하였다.

"큰딸! 잘 지냈어? 대학 생활은 어때?"

"좋아. 고등학생 때와는 다르게 공부 스트레스가 크지도 않고 친구들도 좋아."

딸에게 몇 가지 안부를 묻고는 본격적인 어려움을 토로한다.

"다행이구나. 그런데 별이가 또 가출했어. 부천 친구 집에 살면서 아르바이트하는데 언제 들어올지 몰라. 어떻게 하면 좋니?"

나는 큰딸이 내 편이 되어서 나와 함께 별이를 혼을 내거나 나 대신 별이에게 야단치기를 은근히 바랐다.

"걔는 왜 또 그런대? 지난번에도 며칠 나갔다가 왔다면서."

큰딸은 처음에는 살짝 부모 편에서 이야기하는가 싶더니 이내 중립적인 위치에 선다.

"아빠, 엄마 걱정 마! 대학에 와 보니 중고등학생 때 별이보다도 별나게 살았던 애들도 많아. 그런데도 지금 대학교에 들어와 생활 잘하고 있어."

큰딸은 이내 부모의 마음을 안심시킨다.

"그래도 중학교는 졸업해야 할 것 아니니. 벌써 결석일수가 너무 많아. 이러다가 별이 졸업 못 할 수도 있어"

"아빠, 엄마 걱정 붙들어 매! 그런 애들도 다 자기 결석일수 세면서 다녀. 걔들은 유급하지 않을 만큼만 결석할 거야. 별이도 나한테 학교는 졸업한다고 했으니 때 되면 집에 들어올 거야."

"그럴까? 그렇게 되면 좋겠는데."

"아빠, 얼마 있다가 별이 집에 들어올 거니까 걱정하지 마."

큰딸과 전화를 하고 나면 그렇게 걱정스러운 별이의 행동이 크게 걱정할 일은 아닌 것처럼 보인다. 이런 내용의 전화는 우리가 별이 문제로 마음을 졸이며 전전긍긍할 때마다 이어졌다.

그날도 별이가 중학교 2학년의 곱디고운 피부에 글자를 새겨온 날이었다. 아내와 나는 놀라움을 넘어 당황스러움을 감출 수 없었다. 그것도 잘 보이지 않는 곳에 조그마한 크기가 아니라 팔뚝에 커다랗게 글씨를 새기고 온 것이다.

별이에게 이게 뭐냐고 왜 이렇게 큰 글자를 새겼느냐고 이야기했지만 이미 엎질러진 물이었다. 그래서 한밤중에 큰딸에게 또 한 번 SOS를 쳤다.

"큰딸 잘 지내?"

"응, 잘 지내요. 웬일이에요?"

"별이가 팔뚝에 커다란 문신을 했어. 어쩌면 좋으니…."

이것은 누구에게도 말하지 못 하는 우리의 당황스러움을 그저 딸이 알아달라는 하소연이었다. 도움 요청이었다. 부모 말은 잘 들으려 하지 않으니 큰 언니인 네가 나서서 혼도 내 주고 다시는 문신을 하지 못 하게 교육도 해달라는 요청이었다.

"이번에는 문신이구먼, 걔는 왜 그런대?"

"그러게나 말이다. 여자애가 팔에 문신해서 여름에 짧은 옷을 입을 수도 없고 아르바이트도 하기 어렵게 생겼어. 나중에 남자친구라도 잘 사귈 수 있을까 몰라. 휴~"

우리는 별이가 문신으로 인해 일어날 수 있는 행동의 제약이나 생활의 어려움을 이야기하며 한숨을 쉬었다.

"아빠, 너무 걱정하지 마. 요즘 문신하는 애들 많아. 엄마도 눈썹 문신 했잖아."

"눈썹 문신이랑 별이가 팔에 한 문신이랑 같니?"

"아빠, 요즘 애들은 옛날 어른들과 달리 남들에게 그렇게 신경

안 써. 각자 자기 멋 부리고 산다고 생각하니까 너무 걱정 안 해도
돼요."

　큰딸과 이야기를 나누는 동안 별이의 미래에 대한 걱정의 먹구
름이 조금씩 걷히기 시작했다. 조금 전까지만 해도 별이가 문신한
몸으로 앞으로 어떻게 살아가나 하는 걱정이 가득했는데, 큰딸과
이야기를 나누면서 별이의 문신이 그저 다른 아이와 다른 특별함
이며 그것을 있는 그대로 받아들이라는 큰 딸의 말이 위로가 되
었다.

　딸들은 부모인 우리보다 늘 한 발 앞서 별이 편에 서 있었다. 부
모여서 그런지, 세대가 달라서 그런지 부모 눈에는 불안하고 걱정
스러운 별이의 행동이 언니들에게는 조금 더 잘 이해되는 것 같
았다. 때로는 그것은 별이가 방황을 하다가도 집으로 다시 들어올
수 있는 큰 힘이 되어 주기도 했다.

　'내게는 항상 내 편인 언니들이 있다.' 라는 믿음! 이것이 별이
가 멀리 갔다가도 제자리로 돌아오도록 끌어당기는 인력이었
으리라고 나는 생각한다.

PART 3

입양,
별을 가슴에 품다

다정한 부모에게

자랑스런 자식을 얻은 나는
기쁨에
네게 감사한다

어두운 길을 밝히는 별처럼
나는 네 곁에 있을게
지금도, 앞으로도

너를 사랑하는 것을
다른 말로 표현하기가 어렵다
입양의 사랑이
널 키우는 사랑이
달라질 것 없는 나의 마음

입양에 대해 노래한 작자미상의 한국 시다. 시인의 신상은 공개되지 않았으나, 입양으로 얻은 가족과 사랑에 대한 감정을 표현하고 있다. 출처나 작품의 전문을 찾는 것은 어렵지만, 입양에 대한 감정과 생각을 시를 통해 엿볼 수 있을 것이다.

많은 이들이 내게 묻는다.

"출산한 아이와 입양한 아이에게 같은 마음이야? 어딘가 다르지 않아?"

시인은 입양을 해 키우는 사랑과 출산하여 키우는 사랑이 '달라질 것 없는 나의 마음'이라고 노래한다. 나 또한 다르지 않은 마음으로 대하고 있다.

아이에 대한 부모의 마음은 나의 의지가 아닌 하늘 아버지가 부여하는 마음이다. 자녀를 사랑하는 그 마음을 입양 부모에게 주신다. 하늘 아버지가 부어 주신 그 마음으로 아이를 키우는 것이다.

입양을 가슴으로 아이를 낳는 것으로 표현한다. 출산만큼이나 가슴 깊은 고민과 번뇌의 시간이 있었음을 말하고자 한 표현이다.

입양한 아이들도 출산한 아이들처럼 너무나 사랑스럽고 예쁘다.

이 장에서는 별이의 입양 과정과 어릴 때 별이의 모습을 소개한다. 극심한 사춘기 방황을 겪었던 별이도 어릴 때는 사랑스러운 아이라고, 정말 마음 따뜻한 아이라고 이야기하고 싶다.

별을 가슴에 품다

2004년 5월 2일, 주일.

나와 우리 가족의 삶에 완전히 새로운 변화를 줄 씨앗이 심겨진 날이다. 내 인생을 새롭게 바꾸는 서막이 시작된 것이다.

2003년에 강화로 이사를 온 우리 가족은 그 후 2년 동안 매 주일 아침마다 인천의 제물포역 근처의 교회로 예배를 드리러 다녀오곤 했다.

2004년 5월 2일은 어린이 주일이었다.

그날의 설교 본문은 마태복음 18장 1절~5절이었다.

1. 그 때에 제자들이 예수께 나아와 이르되 천국에서는 누가 크니이까

2.예수께서 한 어린 아이를 불러 그들 가운데 세우시고

3. 이르시되 진실로 너희에게 이르노니 너희가 돌이켜 어린 아이들과 같이 되지 아니하면 결단코 천국에 들어가지 못하리라

4. 그러므로 누구든지 이 어린 아이와 같이 자기를 낮추는 사람이 천국에서 큰 자니라

5. 또 누구든지 내 이름으로 이런 어린 아이 하나를 영접하면 곧 나를 영접함이니

'천국에서는 누가 큰 사람일까?'라는 논쟁과 질문에 예수님은 어린아이와 같이 되어야 천국에 들어갈 수 있으며, 어린아이와 같이 자기를 낮추는 사람이 천국에서 큰 사람이라고 교훈하셨다.

나와 아내는 돌아오는 차 안에서 그날의 설교에 대해 서로 나누었다. 이야기를 나누면서 '누구든지 내 이름으로 이런 어린 아이 하나를 영접하면 곧 나를 영접함이다.'라는 예수님의 말씀이 무슨 뜻인지 함께 이야기하게 되었다.

"여보, 어린아이를 영접하는 것이 무엇일까요?"

"글쎄요. 목사님이 오늘 이 부분은 말씀해 주시지 않았네요. 그것은 단순히 어린아이들을 데려와 맛있는 식사를 대접하는 것과는 다른 차원 같아요."

"그럼 무엇일까요?"

"글쎄요. 예수님이 자신을 영접하는 것이라고 표현한 것을 보면 정말 중요한 일일 것 같아요."

"예수님을 영접하는 것은 예수님을 마음으로 영접하여 예수님과 함께 생활하는 것이잖아요. 어린 아이를 영접하는 것도 어린 아이를 영접하여 함께 사는 것이 아닐까요?"

"그럼, 입양이 아닐까요?"

"입양? 한 번도 생각해 보지 않았는데."

입양!

예수님을 우리 집에 영접하는 것 같은 의미 있고 가치 있는 일은 어린아이 하나를 입양하여 가족으로 함께 살아가는 것이라고 생각하게 되었다. 여섯 살과 일곱 살이던 딸들도 동생이 생긴다는 이야기에 너무나도 좋아하면서 함께 기도하기로 하였다.

아내와 함께 기도하기로 결정한 지 한 달이 지난 어느 날 우리는 입양이 무엇인지, 절차는 어떻게 되는지 입양기관에 상담을 해 보기로 하였다. 그래서 찾아간 곳이 인천의 홀트아동복지회였다.

"어서오세요. 어떻게 저희 기관에 방문하셨나요?"

"입양에 대해 상담하려 왔어요."

소장님은 나와 아내를 따뜻하게 맞아 주셨고 우리는 입양이란 무엇인지, 어떤 절차를 거치는지, 우리가 자격이 되는지 등을 상담하였다. 그리고 그날 입양신청서를 쓰게 되었다. 상담만 하려고 갔는데, 신청서까지 쓰게 되어 우리 스스로도 좀 당황스러웠다.

사랑스러운 공주님으로 신청서를 제출한 지 한 달쯤 지난 어느 날, 소장님으로부터 연락이 왔다.

"선생님, 사랑스러운 아이가 있습니다. 한번 선을 보러 오시겠습니까?"

입양기관에서는 성별이나 혈액형 등 입양부모와 가능한 맞는 아이를 찾아서 첫 대면하는 날을 '선을 본다'고 한다.

8월 중순, 더위가 기승을 부리던 어느 날 나와 아내는 생후 한 달이 채 되지 않은 별이를 처음 만났다.

"너무 사랑스러워요. 그렇죠, 여보?"

"네, 너무 이쁘네요. 까꿍!"

우윳빛깔 피부에 앵두 같은 작은 입술, 너무나 사랑스럽고 예쁜 별이를 품에 안아 보았다.

일주일이 지난 8월 26일, 나와 아내는 두 딸과 함께 별과 같이 빛나는 사랑스러운 공주님을 가슴으로 품게 되었다. 생후 30여 일이 지난 사랑스러운 별이의 웃음소리에 우리는 함께 기뻐하였고, 이틀 후 8월 28일에 지인들과 함께 입양감사예배를 드렸다.

가족회의를 통해 아기의 이름을 논의하였는데, 여러 의견이 오가다가 큰딸이 의견을 낸 이름으로 결정되었다. 별이는 우리 가족에게 주신 신의 선물이며 하나님의 기쁨이었다.

별이가 온 후 우리가족은 더 많은 웃음과 기쁨으로 가득하였다. 큰딸과 둘째 딸은 별이와 잘 놀아 주고 어린이집과 학교에서 배운 노래로 공연도 하고 인형극도 해 주었다. 그때마다 별이는 까르르 웃어댔다.

여든 셋이 되신 아버님을 모시는 맞벌이부부에게 아이를 한 명 더 키운다는 것은 쉽지 않은 일이었지만 하나님이 주신 도전을 거부할 수 없었고, 이제 더욱 하나님의 은혜를 기대하며 사는 삶이 되었다.

엄마 찾으러 갈 거야

"나는 누구인가?"

철학과 종교에서 가장 근원적인 질문이다. 내가 누구인지를 묻는 이 질문은 자신의 뿌리에 대한 질문으로 이어진다. 자신의 뿌리를 찾는다는 것은 인간의 본성이요, 본능에 해당하는 마음이다. 뿌리가 든든한 사람은 쉽게 흔들리지 않지만 뿌리가 약한 사람은 쉽게 흔들리고 방황한다.

별이가 다섯 살 때의 일이다.

무슨 일이 있었는지 잘 기억나지는 않지만 별이가 아빠 엄마에게 무척 서운한 일이 있었던 것이다.

"나 엄마 찾아 갈 거야."

입을 삐쭉이던 별이는 자기 방에 들어가 자주 입던 옷가지 몇 개와 좋아하는 책 몇 권을 커다란 노란색 보자기에 주섬주섬 쌌다. 나와 아내는 그 모습이 귀엽기도 하여 웃음을 참으며 지켜보았다.

낳아 준 엄마가 어디에 있는지, 어떻게 찾아가야 하는지도 알지 못 하면서 별이는 보자기를 들고 현관문을 나섰고, 우리도 먼발치에서 따라 나섰다. 물론 아파트 정문도 나가지 못 하고 다시 들어왔다.

별이가 초등학교 2학년 때 3월의 어느 날은 이런 일도 있었다.

바쁘고 분주한 아침시간에 가방을 챙기다 말고 뭔가 할 말이 있다는 표정으로 별이가 엄마를 빤히 쳐다본다.

"왜? 별아, 얼른 옷 입어. 이러다 늦겠다."

"엄마, 그런데 나 낳아 준 엄마 아빠 돌아가셨어?"

이렇게 바쁜 와중에 불현듯 낳아 주신 엄마, 아빠가 생각난 아홉 살 우리 별이. 아무리 바빠도 별이의 마음을 보듬어 줘야 겠다고 생각한 아내는 별이의 눈을 쳐다보며 대답했다.

"글쎄, 돌아가시진 않았을 거야. 그런데 엄마도 만나보진 못 했어. 지금 어디 살고 계신지도 잘 모르고."

"근데 왜 날 못 키웠을까?"

별이의 혼자 말에 나도 아내도 마음이 무거워졌다.

'그래 맞아. 얼마나 궁금할까. 이제 한 살 더 먹었으니 자신에 대한 질문이 더 깊어지는구나.'

사실 나는 별이에게 알려 줄 만한 게 별로 없었다. 별이에게 질문을 받았을 때 그저 별이의 마음을 충분히 이해해 주고 공감해 주고 싶었다. 그리고 내가 알고 있는 그 이상도 그 이하도 말하지 말아야 한다는 걸 알기에 좀 더 신중하고 편안하게 대답해 주고 싶었다.

"그래, 별아! 낳아 주신 분들이 많이 보고 싶구나. 아빠 엄마도 그분들이 어떤 분들인지 너무 보고 싶고 궁금해. 그런데 별이를 키울 수 없었던 이유가 분명히 있었을 거야. 나중에 별이가 꼭 만나보고 싶다면 우리랑 같이 알아보러 가자. 확실히 만날 수 있을지는 몰라."

낳아 주신 분들에 대한 별이의 궁금증은 주기적으로 반복되었고, 이제는 별이도 스스로 판단할 수 있는 나이가 되었다 싶어서 입양기관인 인천 홀트아동복지회에 연락을 드렸다. 시간이 날 때 언제든 별이와 함께 방문해 달라는 답변을 듣고 홀트아동복지회를 찾았다.

별이가 초등학교 6학년이 된 어느 봄날이었다.

마침 별이를 낳아 주신 분을 상담하고 돌보았던 입양상담사 선생님이 10여 년이 지난 그때까지 근무하고 있었고 별이에 대해 또렷하게 기억하고 있었다.

입양상담 선생님은 별이를 낳아 주신 분에 대한 상담기록 등을 가지고 별이와 함께 다른 방으로 가서 별이가 궁금해 하는 많은 이야기를 나누었다.

입양한 부모들의 큰 고민 중의 하나는 자녀에게 입양 사실에 대해 어떻게 대화를 할 것인가의 문제다. 많은 전문가는 공개입양을 권하고 있다. 공개입양이란 주위의 사람들에게 입양 사실을 알리는 것이 아니다. 공개입양은 입양 당사자에게 그 사실을 미리 알려 주는 것이다. 당사자에게는 좀 더 일찍 그리고 자주 알려 줄수록 입양 사실에 대한 충격이 크지 않다.

말귀를 알아듣지 못 하는 어릴 때부터 입양되었음을 이야기하는 것이 좋다. 입양가족인 탤런트 신애라 씨는 큰딸이 입양을 오고 나서부터 품에 안고 "너는 엄마 아빠가 가슴으로 낳았어. 네가 우리 집에 와서 너무 행복해. 너를 낳아 주신 분들에게 감사해." 라는 말을 해 주고 기도하기도 했다고 한다.

입양가족 모임에 참여하는 것도 좋은 방법이다. 우리 가족은 별이가 어릴 때부터 입양가족 모임에 꾸준히 참여하고 있다. 입양가족 모임에서 부모들은 자녀를 기르면서 만나는 여러 가지 어려움을 나누고 지혜를 얻는다. 그보다 더 큰 도움은 입양 자녀들이 '나만 특별한 것이 아니구나. 주위에 나처럼 입양된 아이들이 많구나.' 하는 안도감과 그로 인한 자존감을 얻을 수 있다.

무엇보다 가족과 주위 분들이 입양에 대해서 가족을 구성하는 형태의 하나로 편안하게 받아들인다면 자녀들 또한 자기 삶에 평안해질 것이다.

별이는 자신을 낳아 주신 분들에 대한 많은 이야기를 듣고 난 이후에는 더 이상 낳아 주신 분들에 대한 궁금증을 표현하지는 않았다. 궁금증이 많이 해소되었던 것이다. 낳아 주신 분들의 사정이 어떤지 알 수 없기 때문에 만나기가 쉽지 않다는 것을 상담 선생님을 통해 들었을 것이다.

앞으로 한 살 한 살 나이가 들어가며 어떤 질문을 품고 고민을 하고 갈등하겠지만 그것도 별이가 겪어 내야 하고 넘어야 할 언덕일 것이다. 우리 별이가 아무리 높은 산도 험한 언덕도 용감하고 씩씩하고 지혜롭게 잘 이겨내기를 기대한다.

이 그림은 누구니?

"별아, 이게 누구니?"

2009년 어느 가을날, 다섯 살 별이가 왕관을 쓴 여왕을 그린 그림을 가지고 왔다. 그림을 보며 아내가 묻자, 별이가 말했다.

"엄마야."

아내는 별이가 그린 왕관을 쓴 여왕 그림을 보며 무척 기뻐했다. 그런데 쉽게 이해되지 않는 이상한 부분이 있었다.

"그럼, 이것은?"

"아기야."

그림 속의 왕관을 쓴 여왕의 뱃속에는 아기가 있었다. 다섯 살이 되어서 엄마 뱃속에 아이가 있다는 이야기를 자주 하더니 드디어 그림을 그려온 것이다. 아내는 전혀 배가 부르지도 않았는데, 엄마 뱃속에 아기가 있는 그림을 그린 것이 아닌가?

"엄마 뱃속에는 아기가 없는데?"

"아니야. 엄마 뱃속에 아기가 있어."

아이들 중에는 동생을 갖고 싶어서 엄마, 아빠에게 동생을 낳아달라고 조르기도 하며, 별이처럼 이렇게 그림을 그리기도 한다. 그런데 별이의 그림은 우리에게는 좀 다른 의미로 다가왔다. 다섯 살 별이는 마치 예언이라도 하는 듯했다.

사실 아내는 별이가 조금 크면서, 별이를 재울 때면 가끔 눈물을 흘리곤 했다. 별이가 너무 사랑스러워서 별이가 가정을 만나지 못 했으면 어떻게 컸을까, 하는 생각 때문이었다.

"별이 같이 예쁜 우리 아이가 어디에 또 있을 텐데. 엄마를 찾고 있을 텐데…."

"아이가 어디서 혼자 눈물 흘리면 어쩌지!"

아내는 별이를 재우며 머리맡에서 이런 말을 자주 했다.

별이가 잠결에 아내의 말을 들었던 것일까?

12월 어느 날에는 자신이 그린 그림을 엄마, 아빠 보란 듯이 침대 머리맡에 붙여 놓았다. 왕관을 쓴 여왕 엄마와 뱃속 아기 그림을.

어쩌면 잠을 잘 때마다 기도했는지도 모르겠다.

2009년 12월 9일은 결혼 14주년 기념일이었다. 이날을 앞두고 아내와 나는 우리에게 주신 이 기쁨과 감사를 어떻게 보답할까 의논하였다. 온 가족이 건강하고 특히, 여든아홉의 아버님도 건강하시고 아내가 결혼 12년 만에 교사가 된 것은 참으로 감사한 일이었다. 그래서 다시 한 번 큰 용기를 내어 우리 인생에서 한 발 내딛는 결정을 하게 되었다. 우리 집 막내로 넷째 아이를 입양하기로 한 것이다.

결심이 서자 신속히 진행되었다. 2010년 1월 중순 어느 날, 우리 가족은 태어난 지 3개월 된 막내아들을 품에 안게 되었다. 하얀 피부에 보석처럼 빛나는 막내아들을 보는 기쁨이 온 가족에게 가득했다.

막내아들이 온 이후 1월 어느 날 별이는 또 한 폭의 그림을 그렸다.

"별아, 이건 누구니?"

왕관을 쓴 여왕이 환하게 웃고 있었다.

"엄마야."

"그럼 이건 누구야?"

왕관을 쓴 여왕 옆에는 아무것도 걸치지 않은 조그만 아기가 환하게 웃고 있었다.

"우리 아기야."

별이의 예언이 이루어진 것이다.

두 그림 모두 다 여왕 엄마는 너무나 행복하게 웃고 있다.

막내를 만난 나의 아내처럼.

생일선물

선물을 받는 것은 언제나 기분 좋은 일이지만 특별한 날에 받는 선물은 더 큰 의미로 다가와서 기쁨을 준다. 2010년, 아내의 생일이었던 그날도 예외는 아니었다. 아이들은 며칠 전부터 엄마의 생일이 언제인지, 어떤 선물을 사야 할지, 엄마 몰래 나에게 물어보곤 하였다.

그런데 나이가 들어서인가? 아내의 생일이 음력으로 12월 28일인지 29일인지 자꾸 헷갈렸다. 그래서 눈치 없이 아내에게 직접 물은 것이다. 이러한 실수로 인해 아이들이 준비한 깜짝 생일파티는 예상치 못 한 방향으로 흘러가게 되었다. 비밀리에 준비하던 깜짝 파티는 아내도 알아버린 공개 파티가 되어 버렸다.

아이들과 함께 생일 케이크를 사고 선물로 옷을 선택했다. 롤케이크를 고르면서도 행복함이 가득한 아이들의 모습을 보며 나 또한 기쁨을 느꼈다. 그렇게 모든 준비를 마치고 저녁시간이 다가왔다. 언니들이 엄마의 생일선물을 사 왔다는 것을 알게 된 다섯 살 별이는 잠깐 고민을 하더니 배가 길게 터진 돼지저금통을 방으로 가지고 들어갔다.

드디어 저녁식사 후 생일파티가 시작되었다. 다 같이 모여 아내의 생일축하 노래를 부르기 시작했다.

"생신 축하 합니다. 생신 축하 합니다. 사랑하는 우리 엄마. 생신 축하 합니다."

이어지는 축하 노래 속에서, 딸들은 준비한 생일선물을 아내에게 건네 주었다. 모두 웃음으로 가득한 행복한 순간이었다. 그때 별이가 "엄마, 생신 축하해요."라며 쑥스러운 듯 포장지에 싸인 작은 선물을 엄마에게 건넸다.

"이게 뭘까?"

아내는 기대 반 호기심 반으로 별이가 내민 선물을 받았다. 포장지를 풀자, 그 안에는 동전 1,100원과 작은 지우개 하나가 들어 있었다. 온 가족이 별이의 작은 선물에 웃음을 터뜨리며 별이의 예쁜 마음을 칭찬했다.

아이들이 직접 준비한 선물이라 그런지, 예상치 못 한 선물로 가족들은 더욱 뜻 깊은 시간을 보냈다. 별이의 선물은 크기보다는 마음과 진심이 담겨 있었다. 선물을 주는 것은 작은 행위일 수 있지만, 가족의 사랑과 소중한 순간을 함께 나누는 것은 더 큰 가치를 지니고 있다는 것을 우리는 깨달았다.

별이는 선물 주기를 참 잘하는 아이였다. 2010년 아내의 생일

2주 전에 고향에 사시는 여든 되신 작은아버님이 아버님을 뵈러 우리 집에 오셨을 때였다.

"작은할아버지, 제 선물이에요."

"허허, 이게 뭐니?"

작은할아버지는 궁금한 눈빛으로 선물을 받아들었다.

"풀어보시면 알아요."

선물을 풀어보신 할아버지는 깜짝 놀라며 웃음을 터뜨렸다. 돼지저금통에서 200원을 꺼내 포장지에 싸서 준비한 선물이었다.

"허허, 할아버지 용돈이구나. 고맙다."

작은할아버지는 별이의 선물에 감동을 받으며 고마움을 표현했다.

유치원에서도 별이는 친구들의 생일 때마다 선물 준비를 잘 하였다. 친구들 생일 때마다 자신이 가지고 있는 책이나 인형을 종이로 포장하여 준비하곤 했다. 심지어 집에 손님이 오는 경우에도 별이는 다양한 선물을 준비하였다. 어른들이 볼 때는 별 것 아닌 것처럼 보이지만 별이는 자신이 가지고 있는 귀한 것 중에 하나를 다른 사람에게 선물로 주었다. 아침에는 유치원에 등원하는 길에도 다섯 살 난 별이는 먹을 것을 바리바리 싸들고 주변 사람들에게 나눠 주는 것을 좋아했다. 선물을 나눠 주는 행위를 통해 별이는 작은 일상 속에서도 나눔의 즐거움을 깨닫고 있는 것 같았다.

마음과 정성이 담긴 미리 준비한 선물은 분명히 가치가 있는 것이다. 그러나 모든 것을 미리 준비하지 못 해도 자신의 일상 속에서 작은 것들을 나눠 주는 것은 또 다른 소중한 일이다. 이러한 교훈을 별이를 통해 깨닫게 되면서, 선물은 받는 사람보다 주는 사람에게 더 많은 행복을 준다는 것을 알게 되었다.

성경에도 '주는 것이 받는 것보다 복되다.' 라고 기록되어 있다. 이는 선물을 주는 행위에 내재된 행복과 기쁨을 강조한 것이다. 별이는 주는 것을 좋아하는 성품을 가지고 있으며, 이를 통해 우리 가족과 이웃에게 행복을 나누어 준다. 별이의 선물은 단순한 물건보다는 마음과 사랑이 담겨 있어 더욱 특별한 의미를 지닌다. 별이는 우리에게 행복을 나누어 주고, 선물을 통해 사랑과 관심을 나누는 소중한 경험을 알려 주었다. 별이의 나눔은 가족과 친구들 사이에 큰 행복을 선사하며, 별이의 행동과 사랑이 우리 모두에게 영감을 주고 있다.

별이는 아빠 껌딱지

별이가 다섯 살 때의 일이다.

어느 날 새벽 잠자리에서 일어난 아내는 집안을 뒤지다가 별이가 보이지 않자 깜짝 놀라 현관으로 달려갔다. 그리고 막 밖으로 나가려는 순간 별이가 울면서 현관문을 열고 들어왔다.

"별아, 이 새벽에 어디 갔다 오는 거니? 엄마가 한참 찾았잖아."

아직 추운 겨울이라 별이의 손은 꽁꽁 얼어 있었고 매서운 날씨에 귀도 빨갛게 얼어 있었다.

아내는 별이의 꽁꽁 언 손을 양손으로 감싸 호호 불며 물었다.

"아빠가 없어졌어요."

별이는 아직도 울음을 주체하지 못 하고 엉엉 울었다.

"그래서 아빠 찾으러 갔다 왔어?"

"새벽에 일어났는데, 아빠가 없어요. 아빠 찾으러 아파트를 자전거로 몇 번 다녔는데도 못 찾았어요."

그날따라 별이는 새벽에 갑자기 눈을 뜨게 되었는데, 옆에 함께 자고 있어야 할 아빠가 집안에 보이지 않자 동이 아홉 개나 되는 아파트 단지를 이제 막 배우기 시작한 자전거를 타고 몇 번씩이나 돌며 뒤졌던 것이다.

아직도 울음이 멈추지 않는 별이를 아내는 다정한 목소리로 달래 주었다.

"아빠는 새벽기도 가셨어. 곧 오실 거야."

아내가 별이를 달래던 차에 현관으로 들어서는 나를 보고 별이가 달려오더니 품에 안겨 엉엉 울었다. 나는 울고 있는 별이를 영문도 모른 채 한참을 안아 주었다.

사실 별이와의 사이가 각별해진 데에는 나름의 이유가 있다. 별이가 우리 품으로 온 지 1년이 되었을 때, 학교 영양사로 근무하던 아내는 교사가 되기 위해 야간의 교육대학원에 진학했다. 낮에는 학교에서 영양사로 근무하고 저녁에는 공부하기 위해 강화에서 인천 인하대학교까지 왕복 4시간 거리를 오고, 갔다. 대학원 마지막 해인 2006년에는 교사가 되기 위한 임용고시를 준비하느라 퇴근 후에 겨우 첫돌이 지난 별이와 초등학생 두 딸을 돌보는 것은 오롯이 나의 몫이었다.

퇴근 후에 아이를 데려와서 먹이고 씻기고 놀아 주고 잠을 재우는 것은 많은 수고가 요구되는 일이었지만 그만큼 별이와의 친밀감이 쌓인 시간이 된 것이다.

그 무렵 나는 아이들의 성장에 부모와의 스킨십이 긍정적으로 큰 영향을 미친다는 사실을 알게 되었다. 그래서 별이가 자랄 때까지 언니들과는 별로 하지 않았던 물놀이나 함께 목욕하기를 꽤 오랫동안 하게 되었고, 그래서인지 별이는 아빠를 무척 좋아하고 잘 따랐다. 별이의 별명은 '아빠 껌딱지'였다. 그 별명은 내가 별이에게 얼마나 사랑스럽고 소중한 존재인지를 상징하는 것이어서 나는 무척 기쁘고 자랑스럽게 생각했다.

별이가 유치원에 다니던 어느 날, 나는 며칠 집을 비우게 되었다.

"별아, 아빠가 출장이 있어서 다녀와야 해. 세 밤 자고 올게."

"아빠, 세 밤 자고 꼭 오는 거지. 약속!"

손가락을 걸고 약속했지만 별이의 눈에는 눈물이 그렁그렁하였다.

그날 아침, 별이는 유치원에 가면서도 열심히 웃으며 아빠의 부재를 감추려고 노력하였지만 말수가 확 줄어 있었다. 늘 밝던 별이가 말수가 적어졌다고 유치원 선생님으로부터 아내에게 전화가 왔었다고 한다.

별이는 출장 3일 동안 매일 저녁 전화를 했다.

"아빠, 보고 싶어요. 언제 와?"

"응, 이제 이틀 밤만 자면 아빠 만나는 거지. 유치원에서는 잘 지냈어?"

"아빠가 집에 없으니 마음이 빈 것 같아. 빨리 와요."

"응, 조금만 참아. 아빠 곧 갈게!"

별이는 잠잘 때면 아빠 냄새가 난다면서 내 베개를 껴안고 잠을 잤다. 집에 돌아온 날 별이는 내 품에 달려와 울음을 터트렸다.

"잘 지냈어, 우리 공주! 내일 아빠랑 동물원에 갈까?"

나는 별이를 달랠 겸 나를 애타게 기다렸던 별이를 위해 동물원에 가기로 했다. 우리는 아침 일찍 일어나서 함께 아침 식사를 하고, 햇빛 가득한 동물원으로 향했다. 동물원에서 별이와 함께 동물을 관찰하며 즐거운 시간을 보내는 동안 별이는 내 손을 꼭 잡고 동물원을 돌아다니면서 함박웃음을 지었다.

점심을 먹으며 별이는 '아빠 껌딱지'라는 별명을 얻게 된 이유에 대해 궁금했는지 이렇게 물었다.

"아빠, 왜 나를 아빠 껌딱지라고 불러요?"

나는 웃으면서 별이의 손을 꼭 잡고 말했다.

"별아, 아빠가 별이를 너무 사랑해서 그런 별명을 붙인 거야. 네가 아빠랑 떨어지려고 하지 않잖아. 멀리 있어도 보고 싶어 하고 항상 아빠 옆에 딱 붙어 있잖아. 아빠에게는 네가 너무나 값진 보물이야."

별이는 내가 자신을 얼마나 소중하게 생각하는지를 알게 되었다. 별이와 함께 보낸 특별한 하루였다.

그 후로, 별이는 자신의 별명을 자랑스럽게 받아들이게 되었다. '아빠 껌딱지'라는 별명은 별이와 나와의 특별한 사랑을 상징하는 것이었다.

엄마, 괜찮아. 내가 있자나!

한때 별이는 아내가 근무하는 석모도의 작은 시골 초등학교 유치원을 다녔다. 그 작은 섬은 강화도 앞 서해에 위치해 있어서 매일 배를 타고 유치원을 다녀야 했고, 2년을 다니다 보니 매일 만나는 분들과도 친하게 인사를 나누며 등원했다.

"아저씨 안녕하세요?"

"오 그래, 별이 유치원 가는구나."

"아저씨, 이것 드세요. 아침에 삶은 계란이에요."

"따끈따끈하네. 고맙다. 잘 먹을게."

추억의 뱃길이 늘 순조로울 수만은 없다. 어느 겨울에는 눈이 너무 많이 와서 배 터에서 학교까지 도저히 차로 이동할 수 없을 정도였다. 그래서 다섯 살 별이와 아내는 손을 잡고 배 터에서 학교까지 눈 덮인 벌판을 하염없이 걸어갔다. 눈이 종아리까지 찰 만큼 많이 왔지만, 그런 어려움 속에서 아내와 별이는 서로의 손을 꼭 잡고 힘을 내며 걸어갔다. 아내와 별이의 등굣길은 한 폭의 수채화 그림처럼 추억으로 남아 있다. 사진도 찍고, 눈으로 장난도 치며 추억을 만들었다.

그날 저녁, 눈은 더 쌓이고 날씨는 더욱 험상궂어서 집으로 퇴근하는 배가 정상적으로 운항하지 못 했다. 아내와 별이는 어쩔 수 없이 학교의 작은 방에서 꼭 끌어안고 잠을 청하게 되었다. 드넓은 학교의 작은 방에서 잠을 청하니 쉽게 잠이 올 리가 없었다. 아내는 무서운 생각이 자꾸 들었다.

"별아, 자니? 바람도 불고 눈도 계속 오네."

그때 별이가 말했다.

"엄마, 잠이 안 와? 내가 있잖아!"

그러면서 별이는 엄마의 품에서 자신의 손으로 엄마의 가슴을 토닥토닥하는 것이었다.

"그래, 우리 별이가 있구나."

그 말에 아내는 모든 무서움과 걱정이 사라지고 평안한 마음으로 잠이 들 수 있었다고 한다. 마치 별이의 품속에 엄마가 안겨 있는 듯 별이의 품안에서 편안하게 잠들었다.

한번은 아내가 별이와 함께 안양에 사는 처형 네를 방문하고 돌아오는 길이었다. 그때는 내비게이션을 사용한 지 얼마 되지 않은 때였는데, 내비게이션 안내가 잘못되어 넓은 대규모 아파트 공사장으로 들어가게 되었다. 어둡고 캄캄한 밤에 아파트 공사장은 곳곳에 나무판자와 벽돌 무더기가 쌓여 있고, 공사 차량과 크레인이 곳곳에 세워져 있었다. 아내는 계속해서 나가는 길을 찾지 못하고 공사장 안에서 맴돌게 되었고, 이러한 상황에 아내는 짜증이 밀려왔고 점차 불안감을 느끼기 시작했다.

"이거 도대체 어디로 가라는 거야? 별아, 내비게이션이 뭐라는 거야?"

날은 점점 어두워지는 공사장 안에서 길을 잃은 채 아내는 무서움을 느끼기 시작했다.

"가도 가도 길이 안 보이네. 어디가 출구야."

누구라도 나타날 것만 같은 으스스한 공사장을 몇 번이나 빙빙 돌고 있었다. 그런데 그 때 다섯 살의 별이가 조수석에 앉아 엄마를 응원하며 말했다.

"엄마, 얘 말 믿지 마. 엄마, 괜찮아."

별이의 말에 아내는 두려움이 조금씩 사라지고 안도감이 들기 시작했다.

"엄마, 조금 있으면 길 나올 거야. 엄마 걱정하지 마세요."

별이는 엄마를 위로하며 안심시켰다.

함께 한 별이의 응원에 힘을 얻은 아내는 두려움을 조금씩 내려놓고 천천히 출구를 찾아 운전을 이어갔다. 그러자 마침내 공사장 밖으로 빠져나올 수 있었다.

다섯 살 별이.

캄캄한 아파트 공사장 안에서 엄마보다도 더 무서워 떨거나 울었다면 더 큰 위험과 위기를 겪었을 것이다. 그런데 그 상황에서

도 별이는 대범하고 침착한 모습을 보여 주었다. 별이의 응원에
아내는 별이가 너무 믿음직스럽고 대견했다고 한다.

별이의 마음 넓이는 어디까지일까?

"엄마, 나 내일 윤서네 가서 밥 해 주고 오면 안 돼?"

뜬금없는 별이의 말에 아내는 당황스러움으로 이게 무슨 말인지 생각하며 되물었다.

"윤서네 가서 밥을 해 준다고?"

"응, 윤서네 할머니가 다치셔서 병원에 입원했잖아. 그래서 밥과 반찬을 해 주려고."

요즘 우리 부부가 우리 교회에 나오는 윤서네 삼 남매를 놓고 안타까워 고민하는 걸 듣고 있던 별이가 생각해 낸 너무나 예쁜 생각이었다.

얼마 전부터 우리 교회에 나오는 윤서네 삼 남매는 엄마 아빠와 같이 살지 않는다. 윤서 부모는 삼 남매를 시골 할아버지 댁에 맡겨 두고 도시에서 살고 있다. 비록 시골에서 살지만 초등학교 5학년 오빠와 초등학교 3학년 윤서 그리고 유치원에 다니는 여동생이 밝고 예쁘게 자라고 있다.

문제는 할머니가 갑자기 편찮으셔서 병원에 입원하시게 되자 할아버지 혼자 세 아이를 돌봐야 하는 상황이 된 것이다. 병원생활이 길어지면서 연로하신 할아버지가 손주 셋을 돌보기에는 어려움이 많았다. 할아버지와 대화를 나누다 보니 지금은 부모가 아이를 키울 환경이 되지 않는다고 했다. 그래서 아이들을 얼마 동안 위탁하는 것도 알아보고 다른 도울 방법도 찾아보는 중이었다.

　초등학교 4학년인 열 살 별이는 자기 용돈과 돼지저금통을 탈탈 털어서 윤서네로 갔다. 할머니가 집을 비우신 지 한참이나 되다 보니 윤서네 냉장고는 텅 비어 있었다.

　시골마을이라서 자전거로 30분은 가야 할 거리를 별이는 두 동생을 자전거 앞뒤에 태우고 외포리 편의점으로 갔다. 거기서 달걀과 동그랑땡 등 반찬거리를 사 와서는 동그랑땡 전도 부치고, 호박전도 부치고, 계란찜도 했다. 윤서네 가족은 모처럼 별이가 만든 반찬으로 웃음꽃 피우며 풍성하고 맛있는 저녁식사를 했다.

　별이의 이야기를 듣자니 너무나 예쁘고 가슴 먹먹해졌다. 그 일이 한 폭의 수채화 그림으로 그려진다.

　서쪽 바다로 해가 뉘엿뉘엿 지는 시간에 바닷가 길에 두 대의 조그만 자전거가 달리고 있다. 앞에는 열한 살 윤서 오빠가 탄 자전거가 달려가고, 뒤에는 아홉 살, 여섯 살 두 동생을 태운 별이 자전거가 따라가고 있다.

　바닷바람에 아이들의 머리카락은 휘날리고, 30분이 멀다고 어느새 막내는 꾸벅꾸벅 졸고 있다.

어느 TV 드라마나 서정적인 영화에서 나올 법한 장면 아닌가.

초등학교 4학년이던 어느 날 학교 끝나고 집에 돌아온 별이에게 전화가 왔다.

"엄마, 내가 지금 빵 구워서 계란프라이를 한 다음 쨈 발라서 경비아저씨 갖다 드렸어!"

"아니 세상에. 우리 아기가 어떻게 그런 생각을 했어?"

"아저씨가 너무 고생하시는 것 같아 마음이 아팠어."

참으로 어여쁜 마음이다. 열 살, 이 어린 나이에 다른 사람을 생각하는 이런 마음이 별이에게 있다니. 내 딸이지만 감격과 감동이었다.

별이의 마음엔 기쁨의 강이, 생수의 강이 흘러넘친다.

별이에겐 남다른 마음의 눈이 있다.

보통의 아이들이라면, 아니 어른들조차도 그저 지나쳐 버리거나 무시해 버릴 것 같은 힘들고 어려운 사람들을 향한 마음이 있다. 이런 별이의 고운 마음이 얼마나 귀하고 소중한 자산인지.

퍼 주고 나누어 주어도 행복한 우리 딸!

그 마음 언제까지나 간직하렴.

바다에 뛰어든 너와 내가 참 좋아!

어린아이 하나를 영접하는 것이 곧 나를 영접하는 것이라는 말씀을 믿고 우리는 별이를 입양하였다. 별이는 우리 가족에게 예수님이었다. 어쩌면 이 땅의 모든 아이가 예수님처럼 사랑스럽기도 하다. 유치원 때까지 별이는 울면 콧구멍이 바람에 나풀거리 듯 파르르 떨렸다. 그 모습이 너무도 귀엽고 사랑스러워 나와 아내는 우는 별이를 달래는 대신 웃음을 참으며 지켜보던 일이 한두 번이 아니었다. 적어도 방황이 시작되기 전까지는 평범하고 사랑스러운 아이였다. 우리 가정은 상위 5% 안에 드는 행복한 가정이라고 자부하였다.

초등학교 6학년부터 시작된 사춘기 방황이 끝 모르게 펼쳐질 때는 어찌해야 할지 알 수 없었다. 무단결석과 가출, 문신과 비행이 지속될 때 나는 하나님께 따지듯이 물었다.

"하나님, 우리는 별이가 예수님이라고 생각하고 입양하였습니다. 그런데 이게 뭡니까? 예수님이 왜 이렇습니까? 우리가 입양했으면 뛰어난 아이는 못 될 망정 평범하게는 커야 하지 않습니까? 왜 이렇습니까?"

마치 나훈아 씨가 '테스형! 세상이 왜 이래. 왜 이렇게 힘들어?' 하는 심정이었다. 하나님이 왜 나한테, 우리 가족에게 이런 시련을 주느냐고 따지고 싶었다. 선한 마음으로 별이를 입양해 바르게 키우려고 노력했으면 아이가 바르게 커야 하는 것이 아닌가? 그래서 아이를 키운 보람을 누려야 하지 않는가?

질문으로 날을 지새우던 어느 날 성경 말씀이 떠올랐다.

칠흑 같은 어두운 밤. 갈릴리 바다에 예수의 제자들이 탄 배가 바람과 큰 파도로 말미암아 큰 어려움을 겪고 있다. 바람과 파도는 점점 거칠게 불었고 배는 뒤집힐 듯이 흔들렸다. 제자들은 어찌할 바를 몰라 방황하고 있다. 그때 바다 저쪽에서 뭔가가 다가오고 있다. 제자 중의 하나가 겁에 질려 소리쳤다.

"유령이다."

그 말은 들은 제자들은 더욱 두려움에 떨면서 돛대 기둥 뒤에 숨기도 하고 우현이나 좌현을 붙들고 몸을 바짝 숙인 채 다가오는 물체를 바라보고 있었다. 그때 예수께서 말씀하셨다.

"안심하여라. 나다. 두려워하지 말아라."

그 말을 들은 제자 중에는 정말 예수이신지 의심하고 있는 이때 베드로가 대답했다.

"주님, 주님이시면, 나더러 물 위로 걸어서, 주님께로 오라고 명령하십시오." 하니, 예수께서 "오너라." 하셨다. 베드로는 배에서 뛰어내려 물 위로 걸어서 예수께로 갔다. 그리고 예수님 품에 안겼다. 예수께서 말씀하셨다.

"역시 너는 내 수제자야. 자랑스럽구나." 베드로는 예수의 품어서 행복한 미소를 지었다.

이렇게 끝나면 좋으련만 성경은 그렇게 기록되어 있지 않다.

베드로는 몇 발자국 가지 못 하고 물에 빠져 소리친다.

"주님, 살려 주십시오."

이 얼마나 초라한 모습인가!

유령이 나타났다고 두려워하는 현장에서 예수께서 "나다." 라는 말씀에 모두가 의심하고 있었다. 어느 누구도 반응하지 않고 있던 그때 유일하게 예수가 있는 바다에 뛰어든 사람이 베드로이다. 그러면 해피엔딩으로 끝나야 하지 않는가? 예수께서 두 팔을 활짝 벌린 채 '역시 나의 수제자구나.' 하면서 기다리고 베드로는 물 위를 달려가 그 품에 안겨야 하지 않는가. 그런데 베드로는 물에 빠지게 되었다. 이 얼마나 폼 나지 않는 모습인가!

입양은 자녀가 없는 가정이 자녀를 갖고 자녀가 있는 가정이 자녀를 하나 더 갖는 제도가 아니다. 입양은 가정이 없는 아이에게 따뜻한 가정을 만들어 주는 귀한 일이다.

이 땅의 많은 사람이 입양을 훌륭한 일로 여긴다. 그 귀하고 훌륭한 일에 뛰어들었으면, 입양의 바다에 뛰어들었으면 자녀 양육이 술술 풀려야 되겠지만 현실은 그렇지 않다. 어떤 경우는 참 벅차고 힘거운 일이 되기도 한다.

물 위를 걸어서 예수의 품속에 안긴 베드로가 "나 봤지? 나 이런 사람이야! 내가 바로 예수의 수제자 베드로야." 하고 무게 잡고 싶었 듯이 나 또한 "나! 아이를 입양해서 이렇게 잘 키웠어." 하고 어깨에 힘 주고 폼 잡고 싶은 마음이 내면 깊숙이 어디엔가 있었을 것이다. 그런데 현실은 다른 가정이 겪는 사춘기의 모든 어려움과 갈등을 모두 겪고, 심지어는 다른 가정보다 더 큰 어려움을 겪기도 한다.

"하나님, 우리는 별이가 예수님이라고 생각하고 입양하였습니다. 그런데 이게 뭡니까? 예수님이 왜 이렇습니까?" 하나님께 따지 듯이 물었을 때 하나님은 이렇게 대답하셨다.

"그게 예수야."

이 땅에 태어나 엄마 아빠 없이 울고 있는 그 아이, 당장 가정의 돌봄이 필요한 그 아이가 예수이 듯이, 사춘기의 방황과 갈등을 겪고 있는 그 아이가 예수였다. 내가 만나 인터뷰한 모든 친구들이 예수였다.

지금도 자살을 계획하고 날마다 자해하는 늘봄이, 절도와 무면허운전 등 할 것 다 해봤다는 강혁이, 친구들과 편의점을 턴 승기, 게임에 빠져 학교에서 유급할 위기에 처한 정식이, 가출로 몸과 마음이 망가진 연주, 중1 때 피우기 시작한 담배를 지금도 끊지 못하는 경아, 거식증을 앓고 있는 겨울이, 금은방을 털어서 재판을 코앞에 둔 영호….

이들 모두가 우리 곁에 온 예수다. 내 주위에서 나의 도움이 필요한 모든 아이들이 예수다.

2018년. 별이의 방황이 끝없이 진행되던 어느 날, 학교에서 꽃(dry flower)으로 액자를 만드는 교사 공동체의 시간이 있었다. 그날 난 예쁜 꽃으로 꽃다발을 만들어 액자를 장식하고 아내와 별이를 생각하며 이렇게 썼다.

베드로처럼
바다에 뛰어든
너와 내가
참 좋아!

PART 4

일기와 편지,
별을 노래하다

늘 간절한 어머니 생각 – 용혜원

자식을 향한
어머니의 선한 눈빛
부드러운 손길, 따뜻한 사랑이
세상을 살아가는 방법을 가르쳐 주었습니다

자신보다 자식을 더 생각하는 어머니
어머니의 사랑은 언제나
풍성합니다

어머니의 자식도 나이가 들어가며
세상을 살아가면 갈수록
어머니의 깊은 정을 알 것만 같습니다

늘 뵙는 어머니지만
뵙고픈 생각이 간절해
전화를 했더니 어머니도
내 생각을 하고 계셨답니다

그 무엇으로도 다 표현하지 못할
어머니의 사랑

그 사랑을 갚는 길이 없어

늘 어머니 생각이 더 간절합니다

2019년.

별이가 중3이 된 해는 가장 힘들던 시기였다. 별이는 얼굴 보기가 힘들 정도로 가출과 늦은 귀가, 결석과 지각, 조퇴를 반복하며 일상이 무너진 삶을 살고 있었다. 부모가 할 수 있는 일은 많지 않았다. 말은 벽에 부딪혀 튕겨 나오는 듯했다. 그래도 우리는 별이와 이어지는 끈을 찾아야 했다.

캄캄한 터널같이 끝이 보이지 않는 길을 갈 때 아내는 일기 같은 편지를 써서 별이의 방에 두었다. 별이가 오늘 밤에 들어올지 아니면 일주일 후에나 들어와 읽을지 알 수 없으면서도 별이에게 엄마의 마음을 전하고 싶었고 연결의 끈을 만들고 싶었다.

'자식보다 자식을 더 생각하는 어머니'라는 용혜원 님의 시구처럼 아내의 마음에는 별이에 대한 생각으로 가득하였다. 그래서 아내의 눈빛은 '자식을 향한 어머니의 선한 눈빛'이었고 '부드러운 손길'이었고 '따뜻한 사랑'이었다. 그 눈빛과 손길과 사랑이 별이가 캄캄한 터널을 빠져나올 수 있도록 비추어 준 빛이고 손길이었다.

어떤 아름다운 꽃보다 네가 더 예쁘단다

4. 2.(화)

별아!

어제 밤에는 무슨 일이 있었는지 한참을 엉엉 울면서 통화를 하길래 무슨 일이냐고 물어보고 싶었는데 꾹 참았어.

혹시 말 못할 일이 있는건가 걱정도 되지만 별이가 힘이 생기면

언제든 엄마한테는 얘기해 줄거라 믿어.

엄마 아빠의 도움이 필요하면 언제든 말 해.

오늘 하루 푹 쉬면서 힘내.

4. 8.(월)

아빠한테도 받아보지 못 한 커다란 장미 꽃다발을 선물해 줘서 고마워.

그런데 엄마는 그 어떤 꽃보다 장미보다 튤립보다 백합보다

세상 그 어떤 아름다운 꽃보다 네가 더 예쁘단다.

하나님이 주신 가장 좋은 선물!

별아! 사랑하고 축복해.

4. 15(월)

세상 가장 사랑스러운 딸, 별아!

오늘도 너와 함께라서 감사하다.

네가 한 지붕 아래 있음에 감사하고 고맙구나.

반찬이 많지 않지만 미역국과 계란찜 있으니 꼭 밥 챙겨 먹어.

하나님이 엄마 아빠에게 꼭 맞는 사랑스런 별이를 주심을 믿고

너를 축복하고 기대한다.

4. 19(금)

별아!

오늘 오랜만에 해서랑 초등학생 때 친구들 만난다고?

정말 반갑겠다.

즐겁게 만나서 행복한 시간 보내.

용돈은 2만 원만 보내 줄게

친구들 하고 같이 좋은 시간 보내고 와.

-별이가 무슨 일을 만나도 늘 별이 편인 엄마가

엄마 딸이라서 너무 감사하고 행복해

4. 27(토)

비가 온 뒤라서 인지 하늘도 산도 맑고 깨끗하네.

별이가 스스로 피어싱을 뺀다고 했을 때 너무 놀랐어.

그리고 너무 감사하고 '별이가 큰 결심을 했구나.' 하는 생각에 대견하고 고마웠어.

이제 금연까지 한다고 하니 엄마 아빠가 같이 도와줄게.

별아!

처음엔 조금 힘들겠지만 잘 이겨내 보자.

너라면 할 수 있을 거야.

그리고 어제 미용 시험도 먼 길 잘 갔다 오고 점수도 조금 올라갔으니 얼마나 좋은지 몰라.

이제 조금만 더하면 될 것 같아.

누군가 그랬대. 세상에 안 될 건 없다고.

왜? 될 때까지 하면 되니까. ㅋㅋ

별이가 엄마 딸이라서 너무 감사하고 행복해. 호호.

4. 30(화)

별아!

오늘이 벌써 4월 마지막 날이네.

날씨도 좋고 행복한 아침이구나.

"여호와가 너를 항상 인도하여 메마른 곳에서도 네 영혼을 만족하게 하며 네 뼈를 견고하게 하시리니 너는 물댄동산 같겠고 물이 끊어지지 아니하는 샘 같을 것이라."

〈이사야 58장 11절〉 아멘.

이따 위센터에서 보자.

별아!

김치냉장고에 고기 있고 상추랑 토마토 있어.

귀찮겠지만 구워 먹어.

5. 24(금)

세상에 하나뿐인 사랑스런 나의 셋째 딸!

그 무엇으로도 대신할 수 없는

바꿀 수 없는 내 딸 별아! 뿅뿅!

사랑해.

"쪽쪽"

이 엄마의 진한 사랑의 키~스

6. 11(화)

사랑스럽고 어여쁜

자랑스럽고 귀여운 우리 집의 꼬꼬미!

엄마가 너를 바라보는 것보다 너를 더 사랑스럽게 바라보시는 주님께 너를 맡긴다.

사랑합니다. 우리 별아!

고맙습니다. 우리 이쁜이!

푹 쉬고 학교는 네가 가고 싶을 때 가도 돼

6. 26(수)

사랑하고 참 소중한 우리 딸!

별아!

네가 무엇을 해서 네가 어떻기 때문이 아닌 그냥 너이기 때문에 소중하고 사랑한다.

때때로 엄마가 화가 나고 속이 상해서 별이를 넘겨짚어서 오해했다면 용서해 줘. 엄마가 많이 부족해서 그래.

아무런 이유 없이 네 모습 그대로 사랑받을 충분한 가치가 있는 존재로 하나님이 만드셨는데 엄마가 너에게 자꾸 뭔가를 요구했던 것 같구나.

지금 너의 모습이 소중하고 사랑스러움을 다시 한 번 깨닫게 하신 하나님께 감사드려.

우리 사랑아!

이 세상에서 하나뿐인 귀하고 복된 딸아.

오늘 하루 너의 소중함을 기억했으면 좋겠구나.

푹 쉬고 학교는 네가 가고 싶을 때 가도 돼.

엄마도 어제 그저께 이틀 동안 허리 아파서 꼼짝 못하고 학교도 못 갔잖아.

가기 싫어서라기보다는 갈 수가 없었어.

별이도 비슷하지 않을까 생각했어.

가야 되는 것도 알고 가보려고 애도 써 봤지만 안 되는 거.

갈 힘이 없는 거지.

갈 수가 없는 그 마음은 또 어떨까?

언젠가 엄마처럼 아픈 곳이 나아지고 갈 수 있는 힘이 생기면

그때 가도 돼.

엄마 아빠가 계속 기도하면서

너의 삶을 건강하게 힘차게 살아가길 기다려 줄게.

사랑한다. 우리 꼬꼬미 씨!

7. 11(목)

우리 집에 소중하고 사랑스런 아가!

예쁘고 착한 마음을 가진 우리 아가!

별아!

잘 자고 일어났지?

오이무침 했어.

늘 엄마가 해 주는 음식을 우리 집에서 제일 맛있게 먹어 주는 별아!

고맙고 사랑해.

변함없이 널 지키시고 사랑해 주시는 주님의 이름으로 널 축복해.

7. 25(목)

별이를 이 세상에 있게 하신 하나님

별이를 낳아 주신 두 분

지금까지 별이를 위해 기도하고 사랑을 아끼지 않으신 많은 가족과 선생님! 그리고 소중한 친구들.

지난 15년의 시간이 모두 모두 감사하구나.

별이가 있어 엄마의 삶은 더 풍성하고 진정한 행복이 무엇인지 깨닫고 있어.

정말 고맙고 감사하단다.

너를 통해 이루어질 일들을 기대하며 항상 별이를 응원할게.

더 친해지고 엄마 아빠랑도 많은 시간 보내 주면 좋겠구나.

별아!

생일 축하해.

다시 한 번 아빠의 껌딱지가
되어 주면 좋겠구나

7. 25(목)

별이의 열다섯 번째 생일을 축하하고 축복해.

이 땅에 태어나서 건강하게 사는 것은 큰 축복이고 기쁨이구나.

네가 아빠 엄마 품에 왔을 때

아빠는 참 기뻤고

기쁨과 행복으로 심장이 막 뛰었단다.

아빠의 껌딱지였던 셋째 딸, 별아!

다시 한 번 아빠의 껌딱지가 되어 주면 좋겠구나.

아빠 품에 언제라도 안기면

사랑하는 막내딸을 꼭 안아 줄게.

늘 사랑해.

11. 30(토)

친구와 함께 횟집 알바를 한다고 아침부터 서둘러 나간 별이!

입술 피어싱 가려야 한다고 사장님한테 혼난다고

약국 가서 살색 테이프 사서 붙여야 한다며 졸린 눈을 채 뜨기도 전에 아침 먹고 후다닥 나갔다.

별이는 잘 하는 게 많다.

많은 부분 믿음직스러워 보인다.

12. 22(일)

별아!

중학교 졸업을 목표로 스스로 학교에 출석하는 걸 보니 엄마 마음이 더없이 평안하다.

별이가 더 믿음직스럽게 여겨지기 때문이겠지.

보통 사람들이 아무렇지도 않게 당연히 하는 일들도 네겐 힘들고 버거울 때가 있지.

그런데도 보통은 힘겹게, 이유도 모른 채 보통 사람들이 간 그 길을 그냥 걸어가지.

그런데 말이야.

넌 보통 사람이 아닌가 봐. ㅋㅋ

2020. 2. 25.(화)

별이를 보내고 왔다.

이제 우리의 품을 떠나는 것일까?

아기 새가 둥지를 떠나 거센 비바람을 온몸으로 지탱하면서 살아가야 하듯.

한쪽 가슴이 시린 건 당연한 거겠지.

이것저것 가재도구를 챙겨 주고 나대로 바쁜 걸음을 재촉하며

별이의 자취방을 나왔다.

아쉬워 꼭 안아주며 기도하는데, 참았던 눈물이 왈 꽉 쏟아졌다.

그렇게 희고 곱던 우리 별이.

제발 건강하게 예쁘게 자라라.

아름다운 가정을 이루게 하소서.

내가 할 수 없는 것들

2017. 8. 9(수)

별이가 어제, 그제 친구 집에서 자고 놀다가 태권도학원이 끝나고 밤에 돌아왔다. 그래 놓고 또 내일은 지원이 언니랑 부평 지하상가 가서 놀고 올 테니 2만 원만 달라고 한다.

또 답답해진다.

엄마가 되어서 아이를 잘못된 길로 가는 걸 돈 주면서 가라고 하는 것 아닌가 하는 생각도 든다. 중학교 1학년 여자아이가 강화에서 인천 부평에 갔다 오는 게 뭐 그리 잘못되었나 싶기도 하고, 돈 2만 원이 아까워서 그러나 싶기도 하고 혼란스럽다.

별이는 밖으로 나가는 아이다.

난 막을 수 없다.

별이는 돈이 생기는 대로 쓴다.

경제관념을 어떻게 가르칠 것인가?

별이가 집을 나가면 무엇을 하고 다니는지 난 알 수 없다.

단지 추측해 볼 뿐이다.

물론 일일이 쫓아다닐 수도 없다.

그렇다면 그저 믿어줄 수밖에.

내 마음은 복잡하고 힘들어도 아이가 되돌아온다니 그것만으로 믿어줄 수밖에.

그럼, 내가 할 수 있는 것들은?

정리해 보자.

첫째, 별이가 집을 나가는 일은 내가 막을 수 없다. 그렇다면 허락하자.

둘째, 별이가 누굴 만나는지, 무얼 하는지 난 알 수 없다. 그렇다면 믿어 주자.

셋째, 경제관념이 부족하여 앞으로 가르쳐야 한다. 그렇다면 최소한의 대가를 치르고 용돈을 주도록 하자. 예를 들어, 강아지 사료 주기를 담당하거나 이웃집 어르신들 찾아가 안마를 해드리거나.

나는 진짜 엄마인가?

2017. 10. 17(화)

사춘기가 되면 아이들만 정체성의 혼란을 겪는 게 아닌 것 같다.

네 아이를 키우면서도 매번 아이들마다 정도의 차이가 있을 뿐 정체성의 혼란을 경험한다. 더군다나 입양아의 경우 조금 더 그럴 것이 당연하다.

"나는 누구인가?" 하는 질문뿐 아니라 "나는 누구의 엄마인가?" 아니, "나는 진짜 엄마인가?"

"왜 하나님은 이 아이를 우리 가정에 보내셨을까?"

"내가 감당할 수 있을까?"

내가 진짜 엄마라면 죽기를 각오하고 내 아이를 위해 싸워야 한다.

그렇다.

난, 난! 우리 네 아이의 엄마다.

난, 네 아이의 엄마로, 믿음의 엄마로 세우셨다.

난, 어떤 상황 속에서도 한 아이도 포기하지 않는다.

죽기를 각오하고 이 아이들을 위해 싸울 것이다. 지켜낼 것이다.

아니 이미 난 그리스도와 함께 십자가에서 죽었다.

희망을 주고 싶다

2017. 10. 25⁽수⁾

어제, 그제 별이가 학교를 가지 않았다. 학교 가는 게 두렵다고 한다.

2, 3학년 선배들도 자기한테 뭐라 뭐라 하고 친구들도 자기를 완전히 나쁜 애 취급한다며 자기 말은 믿어 주지 않는다고 하면서 학교에 가지 않았다.

오늘까지 결석하겠단다.

내일은 간다고 하니 믿을 수밖에.

그동안 공부는 둘째치고 학교에 잘 적응하는가 싶더니 별이의 속마음은 그게 아니었나 보다.

어떻게든 별이가 안전하게 학교를 졸업하고 건강하게 20대를 맞았으면 좋겠다.

평소 별이가 좋아하는 회를 떠다 먹고는 둘이 조용히 이야기를 나눠 보았다.

솔직한 내 마음을 가능한 한 간절하게 완곡한 표현으로 털어놨다.

별이가 힘들어 하는 것에 대해 이해하는 마음, 학교에 안 가고 가출하거나 학교를 그만둔 선배 언니, 오빠들과 만나는 것에 대한 염려, 중학교를 잘 마칠 수 있을지에 대한 걱정.

그리고 어떤 상황 속에서도 네가 '아, 이건 아닌데' 라고 생각될 때는 과감하게 돌아섰으면 좋겠다. 스스로 잘 판단할 거라고 믿는다.

별이에게 희망을 주고 싶었다.

별이는 결코 혼자가 아니라. 늘 함께하시는 하나님, 부모님이 계신다.

그리고 네가 어울리는 그 아이들도 그렇게 된 것에 어른의 한 사람으로 책임을 느낀다. 어른의 잘못이 크다.

그 아이들, 특히 2학년 소정이는 교회도 다니는 아이인데 어떻게든 집으로, 학교로 돌아가게 하고 싶다.

별이가 한마디라도 좋은 말을 해 줘라.

거리를 방황하는 이 아이들의 주님

사랑해 주시고 안아 주세요.

그 마음을 어루만져 주셔서 아픈 상처가 깨끗하게 낫게 도와주세요.

왜 엄마는 넷이나 키울 생각을 했어?
힘들잖아.

2018. 1. 9(수)

남편이 유럽 교육탐방을 떠나고 3일.

별이에게 같이 자자고 했더니 선뜻 그러자고 했다.

막내는 침대에서 벌써 잠들었고 별이와 난 방바닥에 나란히 누웠다.

별말이 없어도 좋다.

참 오랜만이다.

별이가 5학년까지는 정말 끈질기게도 엄마 아빠랑 같이 잤다. 5학년 말부터 자기 방으로 가더니 사정사정해도 같이 안 잔다. 오늘은 웬일로 같이 누워 이런저런 얘기며 장난질도 받아 주니 고맙기까지 하다.

"엄마, 동생도 4학년쯤 되면 입양이 뭔지 확실하게 알게 될 거야."

뜬금없이 입양 얘기를 한다.

"근데 왜 엄마는 넷이나 키울 생각을 했어? 힘들잖아."

별이의 말에 코끝이 찡해 왔다.

별이의 진심 어린 질문에 내 맘이 진지함과 성실함으로 답하고 싶었다.

"동생은 아직도 입양에 대해 별로 궁금해 하지 않는 것 같아. 지난주 동생 또래들이 모이는 소띠 입양모임 가면서 얘기해 봤는데 반응이 영 관심 없다는 듯했거든."

"넷을 키워야지 하는 생각보다는 우리 애기가 어디선가 엄마 아빠를 찾고 있는 것 같았어. 그냥 별이의 엄마가 되고 싶었어. 그리고 아이가 둘인 것과 넷인 건 너무도 다르지. 하지만 그때나 지금이나 넷이기 때문에 걱정되거나 그렇진 않아. 그만큼 하나님이 채워 주신다고 생각해."

PART 5

양육, 별을 품고
하늘을 날다

가을 기다림 – 나태주

보고 싶어도 참아야지
어쩔 수 없어
네가 올 때까지 참아야지
네가 소식 줄 때까지 참아야지

생각 속에서만 너를 만나야지
전화 줄 때까지 참아야지
그러면서 나는 조금씩 너에게로 간다
조금씩 네가 되기도 한다.

꽃을 보면서 너를 만난다
나무를 보면서도 너를 만나고
바람 속에서도 너를 느낀다

아, 좋다 이 바람!
네가 보내 준 것인가
바람 속에서 바다 냄새가 난다
바람 속에는 꽃의 향기가 숨었다.

누군가 나에게 사춘기 자녀교육을 어떻게 하였느냐고 묻는다면

"그저 하루하루를 버텼지요." 라고 말하고 싶다.

그때는 하루하루를 버티고 살아냈다.

딸이 자라기를 기다렸다.

가출했을 때는 보고 싶어도 참고 소식을 줄 때까지 참았다.

시인이 꽃과 나무를 보며 바람 속에서 가을을 느끼 듯이

때론 사진을 보며, 때론 전화기 너머로 들려오는 목소리에서

딸의 향기를 느끼며 기다렸다.

아버지 자격증 있으세요?

"선생님, 아버지 자격증 있으세요?"

2017년 어느 날 목사님 사모님이 뜬금없이 내게 질문을 던졌다.

"네?"

"아버지 자격증 있으시냐고요."

"아~ 아뇨."

나는 다소 당황한 표정으로 대답했다.

"이번에 가까운 곳에서 아버지학교를 해요. 꼭 참석하셔서 아버지 자격증 따시면 좋겠네요."

"아, 네~"

대답은 했지만, 썩 내키지는 않았다.

'나 정도면 아버지로 거의 만점 아니야. 뭘 또 배울 게 있을까?' 하는 생각에 많이 망설이고 있었다.

네 명의 아이를 키우면서 나름대로 아이들에게 최선을 다하고 있다고 생각했다.

고등학교를 마치고 회사생활을 하던 아내는 나와 결혼하던 해에 방송대에 입학했다. 방송대 수업이 주말에 있다 보니 첫째와 둘째 아이가 어릴 때는 주말에 내가 돌보아야 했다. 방송대를 졸업한 아내는 1년간 다양한 요리자격증을 취득하였고, 그 다음해에는 인하대학교 식품영양학과에 편입하였다. 졸업하면서 학교에 영양사로 취직하여 생활했고 이후 교사자격증을 취득하기 위해 인하대학교 대학원에 들어갔다. 2년 6개월의 대학원 생활 동안 아내는 낮에는 학교 영양사로 근무하고 밤에는 편도 두 시간 거리를 이동해 대학원 수업을 받는 주경야독의 삶을 살았다. 게다가 대학원 마지막 1년 동안은 교사가 되기 위한 임용고시 준비를 병행하였다. 그 대학원에서 공부할 때 별이를 품에 안게 되었던 것이다.

아내는 결혼생활 12년 동안 칠순의 시아버지를 모시고 살면서 9년을 공부하였고, 임용고시에 합격하여 교사가 되었다. 돌이켜보면 참 장한 일이다. 그 지난한 일을 해낸 것이다.

나는 아내가 공부에 전념할 수 있도록 육아와 집안 살림에 많은 부분 함께 하였다. 특히 아내가 낮에는 학교 영양사로 근무하고 밤에는 대학원 공부를 하고 틈틈이 임용고시를 준비하던 2006년에는 한 해 동안 살림을 맡아서 육아와 식사 준비, 빨래, 청소 등 집안일을 하였다.

이렇게 최선을 다해 살아온 나에게 "아버지 자격증 있으세요?"라는 질문은 내 삶이 온전히 인정받지 못 하는 것 같은 느낌도 들었다.

그러나 현실은 그리 녹록치 않았다. 2017년 그해는 별이가 중학생이 되면서 예상치 못 한 방황을 하던 시기였다. 나는 별이의 방황에 당황하고 있었다.

'그래, 아버지학교에 답이 있을지도 몰라.'

그렇게 나는 토요일 오후에 5주 동안 실시하는 두란노 아버지학교에 들어가게 되었다.

그곳에는 나처럼 자의반 타의반으로 들어온 20여 명의 아버지가 있었다. 그리고 이들을 섬기기 위한 줄무늬 셔츠를 입은 20여 명의 스텝이 있었다.

매시간 아버지로서 갖추어야 할 좋은 아버지 상을 강의해 주셨고 참여한 지원자들의 삶을 서로 나누는 시간을 가졌다.

아버지학교에서는 강의하는 토요일 오후도 중요하지만 아버지로서 새로운 습관을 만들어가는 나머지 일주일의 삶을 중요하게 여겼다. 가장 중요한 것은 새로운 습관 형성을 위한 숙제이다. 가족들을 허깅 하는 것과 매일 저녁 자녀들을 위해 축복기도 하는 것이다. 또 아내와 자녀들에게 편지를 쓰고 아내가 사랑스러운 20가지 이유와 자녀가 사랑스러운 20가지 이유를 써서 발표하는 시간도 있었다.

참여하신 많은 분이 숙제를 부담스러워 하였다. 나는 자녀가 넷이다 보니 다른 사람들보다 숙제를 곱절이나 더 해야 했다. 스텝들은 참여하신 분들이 새로운 습관을 형성할 수 있도록 지원해 주시고 응원해 주시고 체크도 해 주셨다.

허깅과 축복기도. 이 두 가지 숙제가 위기의 상황으로 치닫는 별이와의 관계를 이어 주는 중요한 수단이 되었다. 하루 한 번 이상 허깅을 하였고 잠자기 전에는 자녀의 몸에 손을 얹고 축복기도를 하였다. 별이는 잠자기 전 기도 시간이 되면 안방으로 와서 침대에 쭉 뻗고 누웠다.

허깅을 통한 스킨십과 축복기도 또는 축복의 말은 나의 불편한 감정을 걸러내는 참 좋은 역할을 했다. 별이가 학교를 등교하지 않거나 문제를 일으켜 화가 쌓이는 날에도 저녁에 별이의 머리에 손을 얹고 축복기도를 하게 되면 다시 평온한 감정이 찾아왔다.

아버지학교를 통해 나는 자녀교육과 관련한 큰 깨달음을 얻게 되었다.

그것은 부부 관계를 돈독히 하는 것이었다.

아버지학교에서는 부부 관계를 든든히 하는 것을 강조하였다. 부부 관계가 사랑과 신뢰로 세워지면 자녀들이 안정감을 얻는다. 그 안정감은 자녀들에게 행복감으로 이어진다. 자녀와의 관계는 그 다음이다. 엄마 아빠가 늘 사랑하는 모습을 보여 주면 자녀들이 겉으로는 "닭살 돋는다"는 표현을 해도 마음속으로는 평안과 행복의 마음이 흐른다. 나도 커서 엄마 아빠처럼 행복한 가정을 이루어야겠다는 마음이 생겨난다.

부부가 사랑과 신뢰로 든든히 세워지면 가정에서 웬만한 어려움은 해결된다는 것이다. 자녀들이 방황하여 밖으로 나돌더라도 부모 사이가 사랑과 신뢰로 든든하면 자녀들이 둥지로 돌아오게 된다. 부부간의 사랑은 표현으로 나타나야 한다. 표현되지 않은 사랑은 상대방이 알 수 없기 때문이다.

아버지학교를 하고 나서 나와 아내는 더 많은 사랑 표현을 하게 되었다. 허깅이나 스킨십도 많이 하고 사랑 표현의 말도 수시로 하게 되었다. 사랑 표현은 하면 할수록 자연스럽고 늘게 된다. 그만큼 사랑이 깊어진다.

러시아의 심리학자이며 교육자인 율리아 기펜레이테르 교수는 저서『내 아이와 어떻게 대화할 것인가』에서 인간은 사랑과 소속감이 필요하다고 역설했다. 다른 사람이 자기를 사랑하고 있으며 어딘가 소속되어 있다는 느낌은 아이들이 올바르게 성장하는 데 가장 중요한 요소이다. 허깅을 하며 사랑한다고 말하는 것은 사랑과 소속감을 위해 꼭 필요한 일이다.

유명한 가족치료 선구자 버지니아 사티어는 하루에 몇 번이고 아이를 안아주라고 조언한다. 사람은 누구나 하루에 네 번은 안아줘야 살아갈 수 있고 최소한 여덟 번은 안아줘야 기분이 좋아지며 열두 번은 안아줘야 성장할 수 있다는 것이다. 아이들만 그런 것이 아니라 어른들도 그렇다. 이런 표현을 정서적으로 섭취할 때 아이들은 정신적으로 올바르게 성장한다.

이러한 표현을 제대로 받지 못 한 아이들은 정신적으로 문제가 발생할 수 있고 소극적이 되며 신경정신질환에 시달리게 되는 경우도 있다. 그래서 포옹은 허그 테라피라고 불릴 만큼 생명을 살리고 사랑을 전하는 위대한 힘을 가지고 있다. 포옹은 이 땅에서 신체로 표현할 수 있는 가장 따뜻한 말이다. 백 마디 말보다 한 번의 찐한 포옹이 그 사람에게 더 많은 말을 전해 줄 수 있다.

자녀사랑 실천 1

사랑을 표현합시다.

- 자녀교육은 부부관계가 밑바탕입니다. 자녀들 앞에서 부부간의 사랑을 표현합시다.

- 자녀와 매일 포옹하고 자녀에게 축복의 말과 기도를 합시다.

- 자녀에게 가끔 편지를 씁시다.

난 너 포기 못 해

별이가 고등학교를 졸업한 다음 주에 별이를 부천에 데려다 주던 날이었다. 차 안은 별이와 대화를 나누기에 안성맞춤이었다.

"별아, 고등학교 졸업 축하해. 그동안 수고 많았어."

고등학교를 졸업할 수 있을까, 걱정스러울 때가 한두 번이 아니어서 별이의 졸업은 정말 축하할 일이었다.

"아빠도 나 때문에 고생 많이 했지."

"그래도 네가 고등학교를 졸업하게 되어서 아빠는 너무 기뻐. 아빠 엄마에게 서운한 것이나 고마운 것이 어떤 것이 있을까?"

별이는 잠깐 생각하다가 말을 이었다.

"서운한 것은 별로 없고, 고마운 것은 끝까지 나를 포기하지 않은 것이야."

코끝이 찡해 왔다.

'아빠 엄마가 얼마나 힘들었는지 알고 있구나. 그것을 견디고 포기하지 않은 것을 고마워 하고 있구나.' 하는 생각이 들었다.

별이는 자라면서 경찰서에도 몇 번 가고 가출도 자주 했다. 그 시간을 견디는 것은 부모로서 참 힘든 일이었다. 가출한 아이가 집으로 돌아오기를 기다리는 것도 힘겹고 경찰서에 가 있는 아이를 데리고 오는 것도 쉽지 않은 일이었다. 어떤 때는 가벼운 일일 때도 있지만 어떤 때는 하늘이 무너지는 것 같은 시련을 만나기도 하였다.

가출해 있는 동안에는 무슨 일을 하였고 무슨 일을 겪었는지, 밥은 잘 먹었는지, 생활은 어떠했는지, 궁금함이 목까지 차 오른다. 경찰서에는 어떻게 가게 되었고 무슨 일이 있었는지 더 많은 궁금함으로 머릿속이 복잡해진다. 그러나 우리는 그 궁금함을 꾹꾹 누르고 그저 한 가지만 묻는다.

"별아, 뭐 먹고 싶니?"

경찰서에서 돌아올 때, 재판을 받기 위해 법원에 갔다 올 때, 이런 저런 어려움으로 별이를 병원에 데려갈 때, 나와 아내의 마음은 너무 속상했다. 그래서 더욱 마음을 다잡고 별이와 별이가 좋아하는 맛있는 것을 먹으려고 했다. 집 밖에서 힘들고 어려운 일이 있을 때 '나에게 집이 있어.', '내게도 갈 곳이 있어.' 라는 마음이 들기를 바랐다. 힘들 때 집을 생각하면 '언제나 가고 싶은 곳, 나를 온전히 받아주는 곳, 내 편이 있는 곳'이 되길 바랐다. 엄마 아빠가 있는 집은 그런 곳이어야 한다.

"별아, 뭐 먹고 싶니? 오늘은 먹고 싶은 것 다 사 줄게."

별이의 방황이 절정에 이르렀을 때 아내와 나는 많이 울었다.

"여기는 OO경찰서입니다. 별이 아버님 되시죠?"

새벽 4시에 걸려온 전화에 나와 아내는 깜짝 놀랐다.

"네 그렇습니다."

"별이가 이곳에 있습니다. 지금 오셔야겠습니다."

가출신고로 경찰서를 간 적은 있었지만 그 새벽에 경찰서에서 걸려온 전화에는 적응이 잘 되지 않는다. 말로는 차분하게 대답했어도, 가슴은 이미 방망이질 치고 있었다.

얼른 옷을 주섬주섬 입고 아내와 나는 경찰서로 향하였다. 가는 내내 아내와 여러 이야기를 하며 별이에게 닥친 일이 무엇일까 걱정하며 달려갔다.

"죄송합니다. 잘 지도하겠습니다."

경찰서에서 조서를 쓰고 별이를 찾아올 때 우리는 별이에게 묻는다.

"뭘 먹고 싶니?"

그날 밤 우리는 울고 또 울었다.

그럴 때마다 아내가 뱉어낸 말이 있다.

"난 별이 포기 못 해. 난 별이 절대 포기 안 해."

찢어지는 가슴으로 뱉어낸 말이다.

"네가 아무리 그래도 난 네 엄마야. 수백 번 경찰서에 갔다 와도, 그래도 넌 내 딸이야."

별이도 없는 곳에서 아내는 울면서 말을 토해냈다. 딸에 대한 간절한 호소이며 가슴을 찢는 외침이자 스스로에 대한 다짐이었다. 어려움이 있을 때마다 자신의 마음을 다잡기 위한 다짐.

손가락을 가족에 비유할 때가 있다. 손가락 중에서 가장 힘이 센 엄지손가락을 아버지에 비유한다. 손가락 중에 유일하게 엄지손가락만이 다른 손가락과 맞닿을 수 있다. 다른 손가락과 맞닿아 물건을 집거나 일을 할 수 있다. 아버지는 온 가족을 돌보고 소통해야 한다. 그런데 엄지손가락은 키가 가장 작다. 맞다. 아버지는 작아야 낮아지고, 겸손해야 온 가족을 잘 돌볼 수 있다.

어느 강의에서 강사님께서 말씀하셨다.

"볼펜을 오른손 주먹으로 꽉 잡아 보세요. 그리고 왼손으로 삐죽 나온 볼펜을 아래쪽에서 당겨 보세요. 아무리 당겨도 잘 빠지지 않습니다. 그런데 새끼손가락 하나만 펴고 볼펜을 당겨 보세요. 나머지 손가락으로 아무리 강하게 볼펜을 잡아도 아래에서 당기면 볼펜이 빠지게 됩니다. 새끼손가락 하나만 폈는 데도 소용이 없습니다. 가정도 이와 비슷합니다. 말 안 듣는 아이라고, 돌보기 힘든 아이라고 한 아이를 소외시키면 가족의 결속은 쉽게 무너집니다."

그렇다.

한 아이가 소외되면 나머지 가족끼리 똘똘 뭉쳐서 행복하게 살 수 있을 것 같은데 현실은 그렇지 않다. 가족 중에서 하나라도 겉돌거나 소외되면 나머지 가족들이 그 영향을 크게 받게 된다. 그래서 부모는 자녀들 중에서 더 약한 아이, 돌봄이 더 필요한 아이를 세워 주어야 한다. 가족에서 겉돌고 문제를 일으키고 방황하는 아이들은 온몸으로 "나를 잡아 주세요. 나를 포기하지 마세요." 하고 부르짖고 있다. 그 음성에 답해야 한다.

"난 너 포기 못 해. 난 너 절대 포기 안 해."

자녀사랑 실천 2

자녀를 절대 포기하지 않겠다고 다짐합시다.

- 어떤 상황에도 자녀를 절대 포기하지 않겠다는 다짐을 글로 써 봅시다.

- 어려운 상황을 만날 때 너를 포기하지 않겠다고 자녀에게 표현합시다.

- 자녀의 삶을 여유를 가지고 대하기로 다짐합시다.

저는 늦게 잘수록 일찍 일어나요

"아들, 늦지 않게 자렴."

"아빠, 오늘은 새벽까지 책을 읽을 거예요."

"그러면 내일 아침에 제 시간에 일어나지 못 하고 학교생활도 힘들어져."

"괜찮아요. 저는 늦게 잘수록 일찍 일어나요."

"그게 무슨 소리니? 사람은 늦게 자면 늦게 일어나고 일찍 자야 일찍 일어나게 돼."

"남들과 비교하지 마세요. 저는 달라요. 늦게 잘수록 일찍 일어난단 말이에요."

초등학교 4학년인 아들과 밤늦은 시간에 나눈 대화였다. 대화라기보다는 언쟁이었고 나와 아들은 서로 화가 난 상태로 대화를 중단해야만 했다. 같은 이야기가 반복되었기 때문이다. 아들은 억지를 부리는 것이 아니라 자신의 주장을 확신하는 것 같았다.

자녀를 키우다 보면 자녀가 억지 주장을 하기도 한다. 또 자기가 잘못했는데도 도리어 부모에게 화를 내거나 부모로서 도저히 이해하지 못 할 행동을 할 때가 있다. 이런 상황을 만나면 평소에 너그러운 부모들도 슬슬 열이 받게 된다. 생활 속에서 아이들이 부모를 화나게 할 때를 너무나 자주 경험하게 된다.

그런데 성경에서는 전혀 다르게 이야기한다.

'아버지이신 여러분, 여러분의 자녀를 노엽게 하지 말고, 주님의 훈련과 훈계로 기르십시오.'(에베소서 6:4)

일상의 경험에 비추어 보면 자녀들에게 "부모를 화나게 하지 말라"고 충고해야 할 것 같은데, 성경은 부모들에게 "자녀를 화나게 하지 마시오." 라고 권면하고 있다. 그래서 자녀들의 화, 청소년의 분노에 대해 많이 고민하면서 두 가지 사실을 깨달았다.

한 가지는, 부모들이 실제로 자녀들을 화나게 하는 경우가 많다는 것이다. 부모는 자식이 실수할까봐, 자식이 다치거나 잘못될까봐, 늘 옳은 말을 반복해서 한다. 어떤 경우는 강제적이고 강압적인 태도로 하기도 하는데, 이때 자녀들은 자신이 비인격적인 존재로 취급된다는 느낌을 받는다. 부모와 자녀 사이를 독립된 인격과 인격으로 본다면, 부모가 자녀에게 하는 말은 지나치게 옳은 말, 좋은 말이긴 하지만 비인격적이고 무례한 방식으로 하게 되는 경우가 많다. 부모 입장에서는 옳은 말, 좋은 말이지만 태도나 행동은 아이들에게 거부감을 주어 기분을 나쁘게 만드는 경우가 많다.

그래서 성경은 부모들에게 자녀를 노엽게 하지 말라고 권면하고 있다. 부모는 인격적으로 자신의 의견을 아이들에게 전하는 방법을 훈련하고 연습해야 한다.

또 하나는, 청소년들이 자주 화가 날 수 있는 성장의 시기에 있다는 것이다. 청소년들은 재미있고 활기 넘치고 열정적이지만 때로는 쉽게 흥분하여 눈 깜짝할 사이에 불을 내뿜는 용처럼 변하기도 한다.

청소년기에 왜 충동적으로 행동하는지를 이해하기 위해서는 뇌의 구조를 이해할 필요가 있다. 뇌 과학자들에 따르면 청소년들의 행동 변화의 중요한 원인이 뇌 구조의 발달 때문이라고 한다. 인간의 뇌는 뇌간, 변연계, 대뇌피질, 이렇게 세 개의 개별적인 뇌로 구성되어 있으면서 함께 연결되어 기능을 한다.

뇌간은 뇌의 가장 깊숙한 부분에 있으며 호흡이나 심장박동 등과 같은 무의식적인 생리 기능을 담당한다. 대뇌변연계는 뇌간을 둥글게 둘러싸고 있으며 정서를 담당하며 특히, 청소년의 행동에 영향을 미친다. 대뇌변연계에 있는 편도체는 충동과 분노를 담당하고, 시상하부는 성적충동이나 성적행동 등 호르몬 체계를 관장한다. 뇌 전체의 80%를 차지하는 대뇌피질은 이성적 사고나 이성적 작용을 가능하게 하는 기능을 담당한다. 대뇌피질 중 뇌의 집행부 역할을 하는 전전두엽피질은 의사결정자이며 계획자이다.

청소년기의 전전두엽피질은 미완성 상태로 매우 활발하게 발달한다. 그래서 좋은 결정과 나쁜 결정을 잘 판단하지 못 하고서 어리석은 행동을 하고 즉각적인 분노를 표출하기도 한다. 청소년기 동안에는 어른들처럼 충동을 충분히 통제하지 못 한다. 충동 통제 영역이 제대로 작동하지 않으니 욕구를 참지 못 하고 쏟아내게 된다. 그래서 욕구를 통제할 수 있도록 배우는 것이 필요하다.

뇌가 건강하게 발달할 수 있도록 하는 시기도 이때다. 말하거나 행동하기 전에 먼저 생각해 보라고 독려하면 뇌가 발달하여 생각하는 힘이 길러지지만, 충동과 분노를 다스리는 행동을 하지 않은 청소년은 이성적인 사고는 줄어들고 충동적인 행동을 하게 된다.

청소년의 뇌는 아직 미완성 상태여서 알코올이나 담배에 민감하게 반응하며 쉽게 큰 손상을 입게 된다. 폭력적인 게임에 자주 노출되면 충동을 자제하지 못 하고 폭력성이 길러져 사회적 관계 형성이 잘 되지 않는다.

심리학자 데이비드 월시의 이야기를 들어보자.

정서를 읽을 때 성인과 청소년은 각각 뇌의 다른 영역을 사용한다. 타인의 얼굴을 보며 감정을 읽을 때 성인들은 전전두엽피질을 사용하는 반면, 대부분의 10대 청소년들의 뇌는 공포와 분노를 관장하는 편도체가 가장 활발해졌던 것이다. 성인들은 정서를 읽기 위해 뇌의 이성적인 부분을 사용하지만 청소년은 몸에서 충동적으로 나오는 반응과 관련해서 읽는다. 그래서 그들은 타인의 정서를 때때로 잘못 해석하는 것이다.

성인의 뇌에서는 편도체가 타인의 정서 특히, 공포나 분노와 같은 정서를 빈틈없이 알아채는 역할을 하지만 전전두엽피질이 편도체가 잘못 이해한 해석을 보다 이성적으로 해석한다. 그러나 청소년기에는 전전두엽 피질이 아직 미완성 상태로 발달하고 있으므로 편도체가 타인의 정서를 해석하는 데 지배적인 역할을 하는 것이다.

_〈십대들의 사생활〉

중학교 1학년이던 아들이 가끔 나와 이야기 할 때 "아빠는 왜 그렇게 화를 내세요?"라고 했다. 나는 내 목소리가 큰 경우는 있지만 화를 내고 있다고 생각하지는 않았는데, 화를 낸다고 하니 억울할 따름이다. 또 나에게 '아빠는 급발진'이라고까지 표현하기도 한다. 그러나 사춘기를 지난 딸들은 어느 누구도 '아빠는 급발진'이라는 아들의 말에 동의하지 않는데 말이다.

이처럼 청소년기에는 상대방의 정서를 잘못 이해하는 경우가 있다. 즉 아들이 나의 말소리를 화내는 것으로 잘못 이해하는 것이다. 정서를 파악할 때에 성인들과 같이 전전두엽을 통해 이성적으로 해석하지 않고 청소년들은 편도체를 통해 타인의 정서를 이해하기 때문이다.

또한 청소년기에는 상대방의 이야기를 듣기는 하지만 이해하지 못 하는 경우가 있다. 이야기의 내용보다는 억양과 표정이 중요하다. 청소년들은 말의 내용이 아니라 말의 모양만 가지고 상대방의 말을 받아들인다. 그래서 부모가 자녀를 엄한 목소리로 질책하거나 야단치면 칠수록 자녀들은 '엄마 아빠는 나를 사랑하지 않아.'

라고 생각한다.

'어쩌다 우리 아이가 이렇게 버릇 없고 반항적인 아이가 되었을까?'

착하고 예의바르던 아이가 사춘기를 지나면서 부모들이 이런 생각을 하는 것은 너무나 당연하다. 특히 자녀의 변화를 예측할 수 없거나 너무 극단적으로 변할 때는 더욱 그렇다.

이런 변화가 뇌의 성장 과정과 연관이 있음을 기억하자. 이 기간 동안 부모는 자녀에게 적절한 관심과 사랑을 가지고 일관성 있게 인내하며 노력한다면 자녀는 사춘기를 지나 성장할 것이다. 이 기간 동안 자녀들에게 가장 필요한 것은 무조건적인 부모의 지지와 일관된 사랑이다.

자녀사랑 실천 3

자녀에게 존중과 공감의 언어를 사용합시다.

- 자녀들에게 거부감을 줄만한 평가, 판단의 언어를 줄이고 공감의 언어를 사용합시다.
- 뇌를 이해하기 위해 청소년기의 뇌와 관련된 책을 읽읍시다.

방학 때 어디 갈까?

막내아들이 초등학교 4학년 때의 일이다. 분명 지난해까지 귀여웠던 아들은 4학년이 되면서 말이나 행동이 무척 거칠어졌다. 아빠나 엄마와 충돌하거나 화를 내는 경우가 잦아졌다. 사춘기가 시작된 것이다.

어느 날 나와 함께 거실에서 소파에 나란히 앉아 TV를 보고 있던 아들은 갑자기 자기가 보고 싶은 다른 프로그램으로 채널을 돌렸다.

"함께 보고 있던 TV채널을 돌리면 어떻게 하니? 빨리 제자리로 해."

"아빠, 저도 보고 싶은 게 있단 말이에요. 아까부터 참았어요."

"그래도 안 돼. 상의도 없이 남이 보는 TV채널을 돌리면 안 돼. 빨리 제자리로 돌려."

"아빠, 저하고 맞짱 한번 뜨실래요?"

나는 아들이 버릇없는 말에 그만 화가 폭발하고 말았다.

"뭐야?"

순간적으로 화가 한 나는 옆에 앉아 있는 아들의 뺨을 후려갈겼다.

깜짝 놀란 아들은 벌게진 뺨을 부여잡고 울음을 터트렸다.

"아빠 잘못했어요. 안 그럴게요."

아들은 울음을 멈추지 않고 연신 고개를 숙이며 잘못했다고 했다.

아들만큼이나 놀란 사람은 나 자신이었다. 아이들에게 매를 댄 적은 있지만 손찌검을 한 적은 처음이었다.

'내가 아들의 뺨에 손찌검을 하다니.'

이것은 스스로에게도 무척 실망스러운 행동이었다. 무엇보다 아들에게는 영원히 씻을 수 없는 상처로 남을 만한 행동이었다. 나는 어떻게든 아들이 이 일로 큰 상처를 받지를 않았으면 좋겠고 또한 관계가 나빠지지 않았으면 좋겠다는 생각이 들었다. 그래서 삼사 일 후 아들과 함께 소파에 앉아서 사과를 하였다.

"아들, 며칠 전 아빠가 너에게 화를 내고 뺨을 때린 것 미안해. 네가 맞짱 한 번 뜨실래요, 라고 하니 화가 났어."

"아니에요. 저도 아빠에게 심한 말을 했어요. 괜찮아요."

사과를 했지만 아들의 마음 속 응어리가 모두 해소되었는지는 알기 어려웠다. 그래서 한 주 쯤 지났을 때 다시 한 번 아들에게 사과를 했다. 이번에는 좀 더 진지한 자세로 내 마음을 전하기 위해 아들에게 무릎을 꿇고 사과를 했다.

"아들, 지난주에 아빠가 너에게 화를 내고 뺨을 때린 것 미안해. 용서해 줘. 앞으로 다시는 때리지 않을게."

"아니에요, 아빠. 저도 아빠에게 심한 말을 했어요. 죄송해요."

두 번이나 아들에게 사과를 한 것은 그만큼 내게도 충격적인 사건이었고, 또 아들의 마음에 상처가 남지 않았으면 하는 간절한 바람 때문이었다. 물론 그 후 아들과의 약속을 지금까지 지키고 있다.

이 사건은 내게 아들을 키우는 터닝포인트가 되었다. 나는 아들이 자신의 에너지를 발산하고 새로운 배움의 기회를 갖는 것이 좋겠다고 생각하여 드럼을 배우게 하였다. 아들은 아기 때부터 드럼에 특별히 관심을 가지고 있어서 여러 개의 그릇을 엎어놓고 그릇을 두드리는 드럼놀이를 하곤 했다. 그러다가 네 살 때 드럼놀이를 하다가 대나무 젓가락을 들고 넘어지면서 크게 다치는 사고를 당한 뒤로 드럼놀이를 그만두었는데, 그 드럼을 다시 배우게 된 것이다.

또 하나는 아들과 둘만의 여행을 시작하게 된 것이다. 처음에는 주말을 이용해 강화의 이곳저곳을 여행하였다. 강화는 지붕 없는 박물관이라고 불릴 만큼 유적지가 많은데, 아들에게 가고 싶은 곳이 어딘지 묻고는 인터넷과 강화관광지도를 펼쳐서 함께 의논하였다. 삼랑성, 광성보, 초지진, 덕진진 등 나라를 지키던 격전지도 가고 고려궁지, 용흥궁 등 역사 유적지나 교동 화개장터 등 가까운 곳부터 시작해 곳곳을 여행했다. 그리고 해가 지나면서 방학을 이용해 1박2일이나 2박3일로 서울, 공주·부여·대천, 울산 등 여행의 범위를 넓혀갔다. 한강유람선도 타고, 해수욕장도 가고, 짚라인도 타고, 케이블카도 타면서 아들과 나만의 추억을 만들어 갔다.

나는 이 땅의 아버지들에게 아들과 단 둘이 떠나는 부자父子 여행을 추천하고 싶다. 처음에는 당일 코스의 짧은 여행으로 시작하여 차츰 주말을 이용한 1박 2일 여행, 방학을 이용한 2박 3일 여행을 떠나 보길 권한다. 처음에는 아들과 함께 인터넷의 여행기를 이용하거나 여행관광지도를 보고 의논해도 좋다. 몇 번의 경험이 있으면 여행지를 선택하고 숙소를 예약하고 여행코스를 정하는 모든 여행의 주도권을 아들에게 맡기고 뒤에서 아들을 보면서 걸어도 좋다. 부모에게는 비합리적인 것 같은 선택일 수도 있겠지만 부모가 생각지 못 한 새로운 선택으로 새로운 경험을 할 수도 있다. 아빠와 함께 가는 길에서의 실패의 경험과 잘못된 선택이 자신이 혼자서 서야 할 앞날에 큰 자산이 될 것이다.

아들과의 여행은 아들을 위한 것만이 아니다. 아버지 자신을 위한 것이기도 하다. 자신을 돌아보고 아들과 새로운 관계와 추억을 만드는 여행이기 때문이다. 그래서 아버지와 아들의 여행은 남자들의 여행이다.

자녀사랑 실천 4

자녀와 함께하는 시간을 가집시다.

- 아버지는 아들과 여행을 떠나고, 어머니는 딸과 단 둘만의 여행

  을 떠납시다.

- 처음에는 당일 여행을 시작하세요. 차츰 1박 2일, 2박 3일의 여행

  을 계획합시다.

- 여행 동안에는 자녀가 불편한 주제로 대화하지 말고 자녀가 편

  한 주제로만 이야기 합시다.

아빠는 널 믿어

"아빠, 나 지금 친구 만나러 서울 가는데, 내일 아침 공항에서 봐."

아침 8시에 비행기를 타려면 적어도 한 시간 전에는 공항에 도착해야 하는데, 여행을 가기로 한 전날 저녁 7시에 별이는 갑자기 서울의 친구 집에 가겠다는 것이다.

"별아, 그게 무슨 소리니? 내일 아침에 제주 여행인데, 지금 친구 집에 가서 자겠다는 거니? 안 돼! 그러다 비행기 시간에 늦으면 어쩌려고 그래!"

"아빠, 나 믿지? 친구 집에서 자고 내일 아침에 공항으로 갈게."

"친구 누군지도 모르는데 저녁 7시가 넘은 이 시간에 서울에 가겠다면 어떻게 하니?"

"가겠다고 조금 전에 통화를 했단 말이야. 내일 제 시간에 공항으로 갈게."

"그래, 아빠 믿어. 내일 제 시간에 공항에 오렴."

별이는 제 짐을 들고는 황급히 버스를 타러 갔다. 나와 아내는 불안한 마음이었지만 붙잡아 둘 수 없었다. 이미 별이는 가기로 마음먹었으니까.

다음날 별이는 제시간에 공항에 도착했고 함께 가족여행을 출발하게 되었다.

자녀를 키우다 보면 늘 자녀에 대한 신뢰와 바른 가르침이라는 이름 아래 갖게 되는 염려 사이에서 고민하고 갈등하는 경우가 많다. 별이는 워낙 다이내믹한 삶을 살아서 바로 앞일을 예측하기가 어려울 만큼 친구들과 약속이 잦았다. 토요일 아침 9시 40분에 아르바이트를 하기 위해 금요일 저녁 강화에 있는 집으로 와서 잠을 자는데, 금요일 밤늦게 부천에서 친구들을 만난다면서 내일 새벽에 강화로 오겠다는 것이다.

"내일 아침에는 오기 힘들어. 저녁에 오렴."

"내일 바로 알바를 가든지 아침 일찍 집에 들렀다가 갈게."

"별아, 오늘 밤에 늦게까지 친구들과 놀면 내일 아침에 일어나기 힘들어. 오늘 집에 와서 자도록 하렴."

"아침에 일찍 일어날 수 있어. 내일 아침에 강화에 갈게."

학교에 결석과 지각을 자주 하는 아이가 시간 맞춰 올 거라고 믿는다는 것은 쉬운 일이 아니다. 나라면 이런 선택을 하지 않았을 것 같은 상황에서는 더욱 이해가 쉽지 않다. 그러나 쉽지 않은 상황이기 때문에 자녀를 신뢰해야 하는 것이다. 다른 사람은 같은 상황에서 우리 아이를 믿지 못 하지만 나는, 우리는 우리 아이를 믿어야 한다. 부모니까.

어느 상담실을 찾은 아이와 엄마의 이야기이다.

"저는 엄마 때문에 마음이 답답하고 너무 힘들어요. 제가 알아서 하도록 기다려 주질 않아요. 엄마는 제가 할 수 있는 것도 다 해 버려요. 저와 상의도 없이 제 방 청소를 하고, 제 옷을 사고, 학원도 정해요. 제발 제가 알아서 하도록 두면 좋겠어요. 엄마 때문에 미치겠어요."

"얘가 이래요. 엄마가 챙겨 주는 데 감사한 줄 몰라요. 지가 행복한 줄 모른다니까요"

"저는 엄마가 아니잖아요. 왜 내가 하고 싶은 것도 물어보지 않고 엄마가 혼자 결정해요. 학원도 엄마가 다 정해서 가라고 하고 쉬는 날까지 엄마가 계획표를 세워놓고 하라고 하는 것만 하는 것이 너무 힘들고 싫어요."

"얘는. 나도 힘들어. 내가 나 좋자고 하니 다 널 위해서 뒷바라지하는 거지."

이 경우는 극단적인 사례일 수 있지만 실제로 초등학교와 중학교에 다니는 학생 중에 많은 아이가 부모와의 관계에서 갈등과 어려움을 겪는다.

자녀가 조금씩 부모에게서 독립할 수 있게 하는 것이 부모의 역할이다. 그렇게 하려면 두 가지 작업이 필요하다. 우선 자녀가 자기 일을 하고 돌아올 때 부모는 그 자리에 변함없이 서서 기댈 수 있는 언덕이 되어야 한다. 아이들 앞에서 끌려고 애쓰기보다 한걸음 뒤에 서서 기대하는 마음으로 함께 걸어가는 것이다. 그러다가 아이가 넘어져 울면 손을 내밀어 주고 넘어졌던 아이가 스스로 일어나 뒤를 돌아볼 때 그 자리에서 아이에게 미소를 보여주는 것이다. 그게 사랑이다.

또 하나는 자녀가 독립해 나가는 데 필요한 삶의 힘을 길러 주는 것이다. 스스로 살아갈 힘을 기르도록 인생의 살아가는 순간에 다양한 결정을 할 수 있도록 기회를 주어야 한다. 중학생이 되면 옷을 사는 것도 자녀가 스스로 결정할 수 있도록 기회를 주고 공부하거나 용돈을 사용하는 것에서도 부모가 일정한 테두리를 정하되 자녀가 스스로 정하도록 해야 한다. 자녀가 실패할 기회를 빼앗아서는 안 된다. 우리가 자녀를 믿고, 신뢰하고, 삶의 결정을 맡기는 만큼 자녀는 크고 넓게 성장한다.

기독교계에서 존경받는 분 중에 김동호 목사님이 계시다.

목사님이 15세이던 중학생 때 목사님의 아버지는 아끼고 아껴서 모은 돈으로 땅을 하나 사려고 했다. 집안의 전 재산이 걸린 문제였다. 집터를 하려고 땅을 세 군데 보아 둔 아버지가 목사님께 말씀하셨다.

"아버지가 세 군데 봐 놨어. 세 군데 중에서 최종 결정은 네가 하거라."

"아버지, 저는 아직 열다섯이에요."

"열다섯이면 대장부야. 네가 나보다 공부도 많이 했어. 아버지는 초등학교 4학년밖에 나오지 못 했어. 너는 이제 중학교 3학년이야. 네가 판단해서 골라라."

목사님은 아버지의 말씀에 순종해 나름대로 이것저것 검토하고 나서 하나를 골랐다. 그랬더니 아버지가 왜냐고 물어보지도 않고 계약하셨다고 한다.

계약을 마치신 이후에야 "그런데 왜 그 땅이냐?"라고 물으셨다.

김동호 목사님은 그래서 일찍 어른이 되셨다고 한다. 아버지가 열다섯 살인 아들과 재산을 의논하고 맡길 만큼 파트너로 대우를 해 주셨기 때문이다.

자녀사랑 실천 5

자녀의 결정을 존중하고 신뢰 관계를 유지합시다.

- 자녀가 물건 구매나 용돈 사용을 스스로 결정할 수 있도록 기회를 줍시다.
- 자녀가 결정할 일에 참견하지 않겠다고 다짐합시다.
- 자녀가 실패할 기회를 빼앗지 맙시다.

그 어려운 것을 3년째 한다면서요

어느 날, 우리 집 앞에 사는 조 선생님 부부와 식사를 하면서 자연스럽게 별이에 대해 이야기를 나누게 되었다.

"요즘 별이는 잘 지내지요?"

같은 학교에 근무하다 보니 학교에서도 동네에서도 자주 만나게 되는 분인데, 우리 집안 사정 특히, 별이에 대해 잘 알고 계셨다. 집을 떠나 부천에서 고등학교를 다니는 별이가 어떻게 지내는지 궁금했던 것이다.

"별이가 고등학교를 무사히 졸업하고 성인으로 잘 자랄지 걱정이에요."

"왜요? 무슨 일이 있으세요?"

나는 이참에 별이에 대한 걱정을 쏟아냈다.

"별이가 아침에 학교에 자주 지각해요. 이번 주도 세 번이나 지각했어요."

"교장 선생님, 별이가 매주 집에 와서 토요일마다 횟집 알바를 한다면서요. 얼마나 됐어요?"

"고등학교에 들어간 후 3년째, 토요일에는 특별한 경우가 아니면 매주 아침부터 저녁까지 알바를 해요."

늘 별이의 긍정적인 부분을 많이 봐 주시던 조 선생님은 이번에도 이렇게 말씀하셨다.

"교장 선생님, 뭘 걱정하세요. 별이는 의지도 강하고 자기 삶에 충실한 아이입니다. 횟집 알바가 얼마나 힘든데요. 그 어려운 것을 3년째 하고 있다면서요?"

"네, 고등학교 들어가면서부터 쭉 하고 있어요."

"3년이나 꾸준히 알바를 하는 애들이 요즘 얼마나 있습니까? 별이는 삶의 의지가 강한 대단한 아이예요. 단지 학교생활이 좀 힘든 것뿐이지요. 걱정하지 마셔요. 별이는 잘 할 거예요."

"그런가요?"

돌이켜 생각해 보니 별이는 부천에 있는 고등학교에 진학한 후 줄곧 금요일에 강화까지 와서 토요일에 아르바이트를 했다. 종종 친구들과 놀기 위해 금요일 밤늦게 집에 오는 때도 있었고 어떤 날은 토요일에 오는 일도 있었다.

"별아, 토요일 아침에는 일찍 일어나서 강화까지 오기가 힘들어. 늦더라도 금요일 저녁에 오렴. 아빠가 데리러 갈게."

나는 하룻밤이라도 더 집에서 잤으면 하는 마음에 금요일 밤에는 집에 오기를 바랐다. 친구들과 놀기를 좋아하는 별이의 대답은 단호했다.

"아빠 괜찮아. 내일 아침에 바로 알바 하러 갈게."

그럴 경우 별이는 대부분 제시간에 아르바이트 하는 횟집에 도착했다. 횟집 아르바이트를 마치고 집에 오면 물어 본다.

"너 오늘 몇 시에 일어났니?"

"6시에 일어나서 세수하고 6시 반에 출발했어."

허허, 기특해라.

나는 종종 내 아이의 걱정스러운 면을 보고 늘 걱정을 하지만 내 주위의 사람들은 내 아이의 장점을 보는 눈이 있다. 그래서 내 걱정을 많이 덜 수 있었다.

다른 아이들보다 자기 자녀에 대해 부모가 더 걱정하는 것은 무엇 때문일까?

먼저는 부모라는 책임감 때문이다. 부모는 자녀를 잘 키워야 할 책임이 있다. 특히 우리나라는 다른 나라보다 가족중심주의가 강하여 자녀에 대한 책임을 무겁게 느낀다. 그러다 보니 자녀의 성공과 실패가 부모의 성공과 실패처럼 여겨지기도 하고, 그래서 충분히 자녀를 객관적으로 보지 못 하는 경향이 있다. 자녀의 부족한 부분이 부모가 잘 가르치지 못 해서 생겨난 것처럼 부모가 큰 책임감을 갖는 경우가 있어서 자녀의 장점이나 잘하는 부분은 크게 보이지 않는다. 그러다 보니 대부분의 부모들이 자녀에 대해 안심하고 긍정적으로 바라보기보다는 현재와 미래에 대해 걱정하는 경향이 강하다.

내 주위 사람들이 내 아이를 보는 눈으로 아이를 본다면 좀 더 객관적으로 내 아이를 볼 수 있을 것이다. 내 눈에 가려 있던 아이의 긍정적인 부분을 보게 된다. 아이의 부정적인 부분은 다른 아이들도 가지고 있는 것이므로 큰 부담을 내려놓을 수 있다.

다음은 불안한 미래와 환경 때문이다. 많은 부모는 우리나라가 경제적으로 성장하던 시대에 태어나서 자랐다. 그때는 미래에 대한 걱정이 덜하던 시대였다. 적어도 밥벌이에 대한 걱정은 많지 않았다. 이제 자녀들의 세대는 부모보다 더 부유하게 살지 못 할 수도 있다. 그러다 보니 교육, 직장, 결혼, 주택 등 많은 부분이 더 불투명하고 빈부격차가 심해지며 각자도생의 환경에 대한 부모의 염려가 크다.

심리학자 매슬로는 인간에게 5단계의 욕구가 있다고 한다. 먼저 인간은 생존을 위한 본능과 같은 생리적 욕구가 있고 신체적 감정적으로 공포에서 벗어나고자 하는 안전의 욕구가 있다. 다음으로 다른 사람과 사랑을 주고받으며 친밀한 관계를 맺는 애정과 소속의 욕구가 있고 타인으로부터 존경과 존중을 받고 싶은 욕구가 있다. 마지막으로 자신의 잠재력과 능력을 발휘하는 자아실현의 욕구가 있다.

다른 사람과 사랑을 주고받으며 어딘가에 소속되어 있다는 느낌과 다른 사람으로부터 존중받는다는 느낌은 아이들이 건강하게 자라는 데 꼭 필요한 것이다. 그것은 우리가 자녀들에게 네가 얼마나 소중하고 사랑스러운지를 이야기할 때 충족된다. 칭찬할 때는 친근한 눈빛과 부드러운 음성으로 존재를 칭찬해야 한다. "네가 우리 집에 태어나서 아빠 엄마는 얼마나 기쁜지 몰라." "아들, 아빠는 널 사랑해." "너를 보면 내 가슴이 따뜻해져." "너를 만난 것이 엄마에게 가장 큰 행운이야." 라고 아이들의 존재를 직설적으로 이야기해야 한다. 칭찬할 때 고래도 춤춘다고 하지 않는가?

자녀가 어떤 일을 할 때는 충고나 조언, 참견하지 말고 하던 일을 마칠 때 결과에 상관없이 과정을 격려하고, 행동에 대해 구체적으로 칭찬한다. "문제를 풀기 위해 끝까지 최선을 다하는 모습이 참 보기 좋구나." "동생을 잘 달래 주어서 고맙구나."

자녀와 이야기를 나눌 때는 현재의 부족한 부분을 크게 보거나 자녀의 앞날을 지나치게 걱정하는 모습을 보이지 않는 것이 좋다. 현재 자녀가 가진 것으로도 세상을 살아가기에 넉넉하다는 믿음을 심어 주는 것이 필요하다. 내 아이가 가진 내면의 강점을 이야기해 주고, 현재의 기쁨과 즐거움뿐만 아니라 슬픔과 아픔까지도 자신에게 많은 것을 가르쳐 주고 자신을 성장시키는 축복의 선물임을 이야기하는 것이 필요하다.

자녀에 대한 부모의 믿음은 흔들리지 않는 안정감으로 자녀에게 다가온다. 부모로부터 사랑을 받으며 가족 구성원으로 깊은 소속감을 느낄 때 아이들은 자신의 재능을 충분히 발휘하여 인생을 꽃피운다.

문경보 문청소년진로연구소장은 『엄마도 힘들어』에서 다음과 같이 이야기한다.

사람은 저마다 발달하는 과정이 다르다는 것을 인정해야 한다. 그러므로 지금 혹시 자녀가 또래보다 부족한 면이 있다고 해서 너무 걱정하지 마라. 분명히 우리 자녀의 순서는 온다. 지나치게 걱정을 해서 그 순서를 놓치게 하는 잘못을 범해서는 안 된다. 자녀가 자신의 순서와 만나는 기회가 왔을 때 잘 잡을 수 있도록 부모가 자녀에게 여유를 줘야 한다.

자녀사랑 실천 6

자녀를 인정하고 칭찬합시다.

- 자녀의 장점을 칭찬하고 자녀의 존재를 칭찬합시다.

- 결과에 상관없이 과정을 격려하고, 행동에 대해 구체적으로 칭찬합시다.

- 친구의 아이를 바라보듯이 객관적으로 자녀 바라보기를 노력합시다.

내 인생 최고의 손님, 어서 오세요

청소년을 상담한 많은 분들의 이야기를 들어보면 자녀의 미래에 대한 부모의 과도한 불안과 걱정이 자녀에 대한 과도한 집착으로 이어짐을 볼 수 있다.

어떤 경우, 엄마의 하루 일과가 자녀의 셔틀기사 노릇이다. 자녀가 학교를 마치면 정문에서 아이를 태워 준비해 온 간식을 먹이면서 학원에 데려다 주고 학원을 마치면 집에 와서 저녁을 먹이거나 미리 준비한 저녁을 차 안에서 먹이고 다시 학원을 데려다 준다. 밤늦은 시간 학원에 가서 아이를 데리고 오는 일이 하루 일과의 대부분인 사람들이 있다. 그러다보니 자녀의 일거수일투족에 관심을 가지고 감시하듯 지켜보게 된다. 자녀는 그 올무에서 벗어나기 위해 일탈 행위를 하기도 한다. 지금 무사하다면 대학에 가거나 성인이 되어서 부모로부터 영원히 벗어나려 하게 되는 경우도 있다.

아버지가 아이에게 자전거를 가르칠 때 아버지는 자전거가 넘어지지 않게 뒤에서 잡고 있다.

"아들, 아빠가 잡고 있으니 열심히 페달을 밟아."

처음에는 자꾸 넘어지려는 것을 아빠가 세우기도 하고 또 자전거가 넘어지기도 한다. 차츰 연습을 하면서 균형감각을 익히면 자전거가 앞으로 굴러가게 된다.

"아빠, 자전거 손 떼시면 안 돼요."

아들은 무서워서 아빠가 자전거를 꼭 붙들어 주길 바란다.

"그래 아빠가 꼭 잡고 있으니 힘차게 페달을 밟아."

아들은 페달을 힘차게 밟으면서 다시 묻는다.

"아빠, 자전거 꼭 잡고 있죠?"

어느 순간 아빠의 목소리는 들리지 않는다. 아빠가 손을 놓은 상태로 자전거는 아들과 함께 저 멀리 달리고 있기 때문이다. 아들은 이제 아빠의 도움 없이도 혼자서 자전거를 잘 탈 수 있다. 아들이 넘어지는 것이 걱정되어서 아빠가 자전거를 계속 붙들고 있다면 아들은 영원히 혼자서 자전거를 탈 수 없게 될 것이다.

우리학교 교감선생님은 요즘 휴대폰 영상을 보며 혼자서 자주 웃는다.

"무슨 재미있는 영상이 있으세요?"

그러면 휴대폰의 영상을 슬쩍 내민다.

"우리 손주좀 보세요. 벌써 기어 다녀요."

"그렇게 좋으세요?"

"그럼요. 요즘 손주를 보는 재미로 삽니다. 손주는 신이 제게 준 선물이에요."

자녀가 태어났을 때 부모는 신으로부터 가장 귀한 선물을 받은 듯 기뻐한다. 아기가 어릴수록 부모에게 큰 기쁨을 준다. 아기를 보는 것만으로도 행복하고 잘 먹고 잘 자는 것만으로도 예쁘고 사랑스럽다. 아기는 부모에게 뿐 아니라 모든 어른들에게 기쁨을 주는 선물이다. 모든 어른들은 아기를 보면서 방긋 웃는다. 아기가 한번 웃기를 바라며 "까꿍, 까꿍" 하면서 환한 미소와 손동작을 한다. 아기 앞에서 하는 어른들의 재롱이다.

그런데 김 선생님과 박 선생님은 상황이 다르다.

"김 선생, 요즘 아이 키우는 재미 좋으시죠?"

"선생님 말도 마십시오. 좀 컸다고 떼를 얼마나 쓰는지 모르겠어요."

세 살과 일곱 살 아이를 키우는 김 선생님은 요즘 아이들을 돌보는 것이 좀 힘드신 것 같다. 학교에서 생활이 퇴근 후 집에서 생활보다 편하다고까지 하신다.

"그래도 유치원 다닐 때는 귀엽기나 하죠. 중학생이 되어 사춘기가 오니 정말 힘드네요. 말이 잘 안 통해요. 아들이 외계에서 온 것 같아요."

옆에 있던 박 선생님이 거들었다. 박 선생님은 한창 사춘기인 중학교 2학년 아들을 생각하며 머리를 흔드신다.

"다 크는 과정이지요. 그래도 자녀는 신이 준 선물이라고 하잖아요?"

"선물요?"

김 선생님과 박 선생님은 신이 준 선물이라는 말에 서로 보며 헛웃음을 지을 뿐이다.

아기가 자라서 자신의 생각을 말과 몸으로 표현하는 때가 되면서 부모에게 자녀양육의 어려움이 시작된다. 그래서 '미운 세 살'이란 말이 생겨난 것이다. 아이가 세 살이 넘어서면 이제 부모는 아이를 손님으로 대해야 한다.

아이는 내가 신으로부터 받아서 기쁜 선물이기도 하지만 내 인생에 찾아온 가장 귀한 손님이다. 선물은 내 소유이기 때문에 내 마음대로 할 수 있다는 생각이 들지만 손님은 내 마음대로 할 수 없는 독립된 인격체이다. 자녀는 성인이 되어 독립하기 전까지 나와 함께 내 집에서 생활하는 내 인생에 가장 귀한 손님이다. 손님이라는 표현이 마음에 들지 않는 분들도 있을 것이다. 적어도 자녀에 대해서도 사람과의 관계에서 가져야 할 기본적인 예의를 가지고 독립된 인격체로 대해야 함은 분명하다.

우리나라는 가족중심주의 문화가 강하다. 자녀에 대해 부모가 무한책임을 갖는 분들도 있고 나아가 자녀의 성공과 실패가 부모의 성공과 실패처럼 느끼는 경우도 많다. 자녀가 좋은 대학에 입학하거나 좋은 회사에 취직하면 부모가 어깨에 힘이 들어가고 자신의 자랑이 되지만 자녀가 학교생활을 제대로 못 하거나 직장을 갖지 못 하면 자녀에 대한 안타까움이나 연민을 넘어서 부모 자신이 자녀에 대해 창피해 하는 경우가 있다. 이러한 태도와 감정은 부모가 자녀를 독립된 인격으로 온전히 생각하지 않는 데서 오는 것이다.

우리는 양육의 초점을 가족중심주의에서 마을공동체주의로 좀 더 넓히고 확대해야 한다. 내 아이를 내가 키우는 것이 아니라 우리 아이를 우리가 키우는 문화를 만들어야 한다.

내 명함에는 이런 글귀가 앞뒷면에 있다.

"모든 아이는 우리 모두의 아이입니다."
"Every child is our child"

내 아이가 내 인생에 찾아온 귀한 손님이듯이 내 아이의 친구도 내 아이의 소개를 통해 내 인생에 찾아온 손님이다. 내 자녀가 손님이듯이 내가 길게 혹은 스치 듯이 만나는 모든 이들이 손님이다. 내가 만나는 모든 이들을 존중하고 소중히 대해야 한다. 내 아이는 독립된 인격체이며 내 인생에 온 가장 특별한 손님이다.

자녀사랑 실천 7

자녀를 독립된 인격체로 인정합시다.

- 자녀에게 인간관계에서 가져야 할 기본적인 예의를 가지고 독
  립된 인격으로 대하고 있는지 점검합시다.

- 자녀를 독립된 인격체로 대하지 못 한 부분은 자녀에게 사과합
  시다.

'내면 아이'를 만나 보세요

"저희 아버지는 그 옛날에 부잣집 외동아들이었습니다. 일제강점기에 대학을 나오신 분입니다. 본부인이 있음에도 젊은 여인을 둘째 부인으로 들이셨어요. 우리 어머니는 가난하고 배우지 못 한 둘째 부인이었습니다. 그래서 큰어머니에게 구박받으며 큰어머니의 아이들 셋과 우리 형제들 넷을 키우시느라 종처럼 일을 하셨습니다.

나의 어린 시절은 큰어머니와 그쪽 형님, 누나들에 대한 분노로 특히, 아버지에 대한 분노로 가득했습니다. 어린 시절 고생하시던 어머니를 생각하면 지금도 화가 치밉니다."

오십 줄의 남자가 눈물을 흘리며 이야기하였다.

"저희 아버지는 북파공작원이었습니다. 그래서 한번 집을 나가시면 몇 달을 들어오시지 않으셨습니다. 몇 달 만에 들어오시면 어머니는 무척 기뻐하셨습니다. 그러나 몇 주가 지나면 서로의 삶이 너무 달라서 자주 다투셨습니다. 아버지는 운동을 많이 하셔서 군살이 없으시고 눈매가 매서운 분이셨습니다. 집에 오시면 어린 저는 무서워서 늘 피해 다녔습니다. 아버지가 있어도 제 삶에는 아버지가 없었습니다. 아버지가 없는 공간이 너무나 컸습니다. 그런데 더 속상한 것은 제 아이들이 어릴 때 제게 가까이 오지 않는다는 겁니다. 제가 무서웠나 봅니다. 그 거리가 지금도 완전히 좁혀지지는 않았습니다."

육십 줄의 남자 또한 눈물을 훔치며 이야기하였다.

사십 줄의 남자가 남의 이야기에 눈물을 훔치다가 이야기를 이어갔다.

"얼마 전 중학교 1학년인 아들 녀석이 아내 말을 안 듣고 큰 소리를 지르며 덤비는 거예요. 그것을 본 내가 너무 화가 나서 '이 자식, 엄마한테 그게 무슨 말버릇이야, 다시 한 번 말해 봐.' 하며 등짝을 후려갈겼어요. 그 순간 아버지에게 매를 맞던 저의 중학교 때 모습이 떠올랐어요. 나에게 '야 이 새끼야!' 하고 욕을 하시며 회초리를 들던 모습이요. 왜 맞았는지는 기억나지 않아요. 욕하고 화를 내시면서 매를 들던 아버지의 그 모습이 가장 싫어하는 모습인데, 내가 똑같이 그렇게 하고 있더라고요. 얼마나 당황스러웠는지 몰라요."

그도 손수건으로 눈물을 닦고 있었다.

여기는 두란노 아버지학교가 열리는 곳이다.

좋은 아버지가 되겠다고 모인 분들에게 아버지학교에서는 가장 먼저 자신의 아버지를 만나게 한다. 좋은 아버지가 되기 위한 첫 번째 열쇠가 나의 아버지와 얽힌 매듭을 푸는 것이다. 사연은 한결같이 아프고 가슴이 아려온다.

아버지!

어떤 이에게는 기쁨과 힘이 되는 단어이고 어떤 이에게는 아프고 슬프고 나아가 분노가 치미는 말이고 또 어떤 이에게는 아무 생각이 나지 않는 단어이기도 하다.

아버지, 어머니에 대한 기억이 나에게 힘이 되고 미소를 머금게 하면 참 좋겠지만 그렇지 않은 분들은 과거 아버지, 어머니에 대한 아픈 기억, 좋지 않은 영향력을 끊어야 한다. 그렇지 않으면 좋은 부모로 나아가기가 쉽지 않다.

인간의 무의식 속에는 어린 시절 들어온 말 또는 사건이나 경험이 만들어 놓은 아픔과 상처, 모순된 감정이 들어 있다. 이로 인해 성인이 된 지금까지도 삶에서 정서적으로 영향력을 행사하고 있는 심리적 상태를 '내면 아이'라고 부른다.

어린 시절 부모로부터 폭력이나 학대받은 경우는 말할 것도 없고 부모가 자녀에게 무심코 던진 말 한마디, 거절과 방치의 행동이 자녀의 마음에 잊혀지지 않은 상처가 되기도 한다. 이러한 상처가 적절한 치유 과정 없이 가정을 이루고 자녀를 낳아 기르는 경우 그들의 내면에 어린 시절 마음의 상처가 지금의 자녀를 기르는 데 부정적인 영향력을 행사하게 된다.

어린 시절 마음의 상처로 인해 생겨난 '내면 아이'가 부모가 된 지금까지 마음속에 남아 내 삶에 영향을 미치게 된다. 이러한 '내면 아이'는 낮은 자존감, 우울한 마음과 불안, 분노와 적대감 등으로 나타나 가족 관계나 직장에서 동료나 상사와의 관계 등에서 갈등을 일으키며 가정과 공동체를 힘들게 한다.

'내면 아이'가 자신의 감정과 행동에 어떤 작용을 하고, 다른 사람과의 관계에서 어떤 영향을 미치는지 모르면 관계의 어려움은 지속된다. 자신에 대해서 한심하다는 생각으로 좌절감을 느끼고 다른 사람과의 관계도 불편하고 분노와 실망감을 느끼게 된다.

자녀의 사춘기는 부모의 무의식 속에 꼭꼭 숨어 있는 '내면 아이'를 깨우게 된다. 많은 부모가 자녀들의 행동에서 자신의 어린 시절 행동과 똑같은 모습을 보게 된다. 치유되지 않은 부모의 '내면 아이'가 자신이 가장 싫었던 어린 시절 청소년기의 모습을 보이는 자녀와 만나게 된 것이다. 깊숙이 가라앉아 있던 내면의 찌꺼기들이 자녀를 통해 수면 위로 올라오게 되면 화가 폭발하게 된다. 부모의 '내면 아이'와 사춘기 자녀가 충돌하게 된다. 겉으로는 어른과 아이의 충돌이지만 부모의 마음속을 들여다보면 부모의 치유되지 않은 '내면 아이'와 사춘기 아이가 벌이는 싸움이다. 이러한 부모의 태도는 자녀가 자존감 높은 아이로 자라고 좋은 인간관계를 가진 건강한 아이로 자라는 데 큰 걸림돌이 된다.

이를 해결하기 위해서는 자신의 '내면 아이'가 내 삶에 어떤 영향을 미치는지 알아야 한다. 나의 '내면 아이'에 가장 큰 영향을 미친 부모와의 관계 회복이 중요한 열쇠가 된다. '내면 아이'의 성향을 분석한 후 치유를 통해 그 '내면 아이'를 성장시키면 좋은 인간관계를 만들어갈 수 있고 자신의 삶을 행복하게 펼칠 수 있다.

부모로부터 좋지 않은 영향력을 끊는 방법은 용서와 화해다. '무슨 자녀가 부모를 용서하느냐?'고 하는 분도 있겠지만 부모로부터 상처받거나 안 좋은 기억을 마음에 간직하고 사는 경우 부모에게서 얻은 상처가 자기 자녀에게 영향을 미치게 된다.

부모님과의 용서와 화해를 위해 심리학자들은 다양한 방법을 제안한다.

첫째, 편지를 쓰는 것이다.

부모와 함께 한 좋은 추억과 아픈 기억을 진솔한 마음으로 글로 써서 전달해 드리는 것이다. 부모님이 계시면 글을 보실 수 있겠지만 부모님이 계시지 않더라도 과거의 아픔을 드러내고 부모님께 글을 쓰는 것만으로도 마음의 큰 짐을 덜 수 있고 용서와 화해의 길을 만들 수 있다.

둘째, 직접 만나서 말씀드리는 것이다.

적절한 시간에 좋은 분위기를 만들어 어릴 때 이야기를 나누는 것이다. 그러나 편지를 드리거나 직접 만날 수 없는 경우도 있다. 만나서 이야기를 나눌 때도 부모가 기억하지 못 하거나 원하는 사과를 듣지 못 하는 경우가 허다하다.

셋째, '빈 의자 기법'을 사용한다.

일종의 역할 놀이이다. 자신 앞에 빈 의자를 놓는다. 어린 시절로 돌아가 슬프고 화가 났던 그 시절의 부모님이 빈 의자에 앉아 계신다고 생각하고 하고 싶은 이야기를 다 해보는 것이다. 누군가 그 의자에 앉아 부모의 역할을 대신하여 자신이 듣고 싶은 사과를 충분히 들을 수 있는 기회를 얻는 것도 좋다. 나아가 내가 그 당시의 부모님이 되어 부모님의 입장에서 이야기하는 것도 좋다. 이런 상담기법을 통해 용서와 화해가 이루어진다.

사람은 살면서 다양한 사람들과 인간관계를 맺는다. 가족처럼 친밀한 관계도 있고 잠깐 스치는 관계도 있다. 함께 살다보면 오해가 생길 수도 있고 내 뜻대로 되지 않아 큰 싸움이 생길 수도 있다. 나에게 생명을 주신 부모님이지만 용서가 쉽지 않은 마음의 상처를 받을 수도 있다. 용서와 화해는 상대방을 위한 것이 아니다. 오롯이 나를 위한 것이다. 내가 받은 마음의 상처에 약을 바르고 싸매는 작업이 용서와 화해이다.

나의 용서와 화해에 아무런 상관없이 상대방은 똑같은 삶을 살 수도 있다. 용서와 화해를 통해 내 마음의 상처가 치유되고 상대방을 만났을 때 평안을 누릴 수 있게 된다.

　더 이상 나의 '내면 아이'가 자녀에게 영향을 미치지 않도록 '내면 아이'를 성장시키고 자기 부모님과 관계를 회복해야 한다. 또한 현재 상황에서 자녀를 존중하고 인정하며 자녀의 말을 경청하며 수용하는 자세가 필요하다.

자녀사랑 실천 8

자신의 '내면 아이'를 만납시다.

- '내면 아이'와 관련된 책을 읽거나 강의를 듣고 자신의 '내면 아이'를 점검합시다.

- 나의 아버지, 어머니를 용서하고 화해합시다.

글을 쓴다고 했을 때 가장 많이 들었던 질문이다.

"선생님, 별이도 동의한 거예요?"

부모로서 자녀의 사춘기 방황, 나아가 비행까지 기록한다는 것은 쉽지 않은 일이었다. 한 번의 강의에서 말을 꺼내는 것이 아니라 활자로 보존되는 책을 쓴다는 것은 더욱 고민이 되지 않을 수 없는 문제였다. 그래서 글을 쓰기 전부터 물어보았다.

"별아, 아빠가 너의 사춘기를 글로 쓰려고 하는데, 괜찮겠니?"

"괜찮아. 난 상관없어."

별이의 대답은 내게 마치 "아빠, 나 이제 사춘기 지났어요. 방황은 끝났어요. 이제 과거의 별이가 아니에요."라고 말하는 것처럼 들렸다. 그래도 염려가 되어 한 꼭지 글을 쓸 때마다 가족에게 보여주고 피드백을 받았다. 글 하나하나에 대한 별이의 생각이 중요했다.

"별아, 이번 글은 가출과 무면허운전인데, 괜찮니?"

"아빠, 이번 글 좋아."

글을 쓸 때마다 몇 번을 물었는데, 물을 때마다 별이의 대답은 같았다. 그 말을 들을 때마다 안심이 되었다.

'이제 많이 컸구나.'

수많은 아이들과 인터뷰했다. 겨우 10여 년 좀 넘은 인생을 살았을 뿐인 데도 가정법원에서 재판을 받고 소년원에 다녀온 친구도 있고, 낙태를 경험한 친구도 있었다. 그 삶을 부여잡고 함께 울어 주고 싶은 친구들이 너무도 많았다. 동시대를 살아가는 어른으로서 더 좋은 사회와 더 좋은 환경을 만들어 주지 못한 미안한 마음이 참 많았다.

또 함께 드는 생각이 있었다.

'이제 많이 컸구나.'

인터뷰에 참여한 친구 대부분은 별이처럼 중학생 때 극심한 방황을 하였고 고등학생이 된 지금은 중학생 때의 삶을 후회하고 있고 부모님께 죄송한 마음을 표현하였다. 그래서 '세월이 약이구나. 방황의 시간을 버텨내는 것이 부모의 역할이구나.' 하는 생각이 들었다. 그것은 이 땅의 모든 부모에게 해당되는 말이다.

가출과 무단결석, 절도와 자살 시도를 하는 자녀를 둔 부모뿐 아니라 화가 났다고 방문을 쾅 닫고 들어가고 집에서는 방문을 잠그고 휴대폰과 노트북만 하는 평범한 자녀를 둔 부모까지 그 시간이 지나가기를 기다리며 버텨내야 한다. 아이가 조금 더디고 헤매더라도 부모는 살아내고 버텨낸 시간을 통해 자녀를 사랑할 수 있는 깊고 넓은 바다가 될 수 있다.

이때 가장 중요한 것이 있다. 잊지 못 할 상처를 주게 될 말을 하지 않는 것이다. 극심한 사춘기의 아이들뿐 아니라 평범한 아이들까지 사춘기에는 작은 일로 부모와 자녀의 전쟁이 될 수 있다. 특히 자녀의 사춘기는 엄마의 폐경기 및 갱년기와 같은 시기를 지날 수 있어서 더욱 쉽게 크고 작은 갈등이 일어날 수 있다. 그래서 쉽게 상처 주는 말을 내뱉을 수 있다. 상처의 말은 그 상황과 맥락은 잊혀지고 말만 기억되는 경우도 많다. 분명히 자녀가 잘못한 상황이었음에도 자녀는 자신의 잘못된 말과 행동은 잊은 채 부모가 내뱉은 가시 돋친 말만 기억하고 가슴에 박혀 있을 수 있다. 잘못된 말이라고 생각하면 최대한 빨리 사과하고 용서를 구함으로써 자녀에게 박힌 말의 가시를 빼야 한다.

이 땅에서 살아가는 동안 겪는 어려운 일들이야 수도 없이 많지만 좋은 부모가 된다는 것은 모든 부모들이 느끼는 가장 어려운 일이다. 어렵고 힘든 시간이 지나면 살아내고 버텨낸 시간을 통해 마음의 힘이 생긴다. 그 힘으로 인해 가정에도 평화의 날, 행복의 날이 온다.

두 주 전, 세 딸이 뭉쳐서 1박 2일 여행을 간 데 이어서 8월 중순에는 2박 3일간 온 가족이 함께 강릉 여행을 갔다. 큰 딸이 숙소도 예약하고 일정도 진행하였는데, 자기들이 다 할 테니 엄마 아빠는 가만히 앉아만 있으란다. 일종의 효도여행이다. 코로나 바로 직전인 2019년 1월, 온 가족이 필리핀 보라카이 여행을 다녀온 이후 4년 만의 가족여행이다.

첫째와 둘째 딸은 직장생활의 어려움을 풀어내고, 셋째 별이는 고등학교를 졸업한 이후의 삶을, 중학생인 막내아들은 학교생활과 게임 이야기를 풀어내기에 바빴다. 네 아이의 삶이 앞으로 어떻게 펼쳐질지 기대된다. 특히 별이의 다이내믹한 사춘기 방황의 경험이 별이의 앞으로 삶에 어떤 자양분이 되어 별이를 멋지고 아름다운 인생으로 이끌어 가게 될지 무척 기대된다.

둘쨋날 밤에는 경포대해수욕장에 돗자리를 깔고 둘러앉아 자기자랑 릴레이를 하였다. 별이는 자신은 딱히 자랑할 것이 없다고 했다. 그때 언니들이 닦달을 했다.

"별아, 네 장점이 얼마나 많은데. 어려운 사람들에게 사랑과 연민이 많지. 그걸 바로 실천하지. 의지가 강하지. 품이 넓어서 언제나 너에게 편하게 내 이야기를 할 수 있지. 너와 상담하면 해결책이 단순 명쾌해서 얼마나 시원한지 몰라."

서로를 향해 칭찬하는 아이들의 모습을 보면서 가슴 깊은 곳으로부터 뿌듯한 마음이 올라왔다.

성경에서는 자녀가 많은 것은 용사의 화살통에 담긴 화살같이 든든하고 복되다고 한다.

젊어서 낳은 자식은 용사의 손에 쥐어 있는 화살과도 같으니,
그런 화살이 화살통에 가득한 용사에게는 복이 있다. 그들은 성문에서 원수들과 담판할 때에, 부끄러움을 당하지 아니할 것이다.

[시편 127:4~5]

방황하는 내 아이 속마음 읽기

부모와 아이가 함께하는 사춘기 수업

지은이 정철모, 채혜경

발행일 2023년 11월 30일

펴낸이 양근모

펴낸곳 도서출판 청년정신

출판등록 1997년 12월 26일 제 10-1531호

주　소 경기도 파주시 경의로 1068, 602호

전　화 031) 957-1313　**팩스** 031) 624-6928

이메일 pricker@empas.com

ISBN 978-89-5861-237-7 (13330)